ÉMILE CHRÉTIEN,

OU

DE L'ÉDUCATION.

*Par M. C*****. de LEVESON,*
Licentié en la Sacrée Faculté de Paris.

Quam sine fictione didici , & sine invidiâ com-
munico , & honestatem illius non abscondo.
Sagesse , VII. v. 13.

TOME PREMIER.

A PARIS,

Chez les Libraires Associés.

M DCC LXIV.

PRÉFACE.

É MILE, quelle intitula-
tion ! dira tout-à-coup
quelqu'un, après avoir
lû le fameux Ouvrage qui a paru
sous ce titre, sans faire attention
à l'épithete qui suit ; c'est-à-dire,
ÉMILE CHRÉTIEN. Cette épithete
doit cependant faire sentir le but
qu'on se propose par le nouvel
Ouvrage qu'on donne aujourd'hui.
Il s'agit de former le cœur & l'esprit de cet ÉMILE : le cœur, par
tout ce que la Religion a de plus
sacré dans ses Dogmes & de plus
saint dans sa Morale : l'esprit,

par les diverses connoissances qui peuvent le mettre en état de remplir avec succès l'emploi qu'on lui destine.

Sur ce principe, ÉMILE est conduit pas à pas ; & après avoir été instruit des vérités de l'Histoire Sacrée, on l'enrichit des connoissances de l'Histoire Profane ; on le fait passer rapidement sur les puérilités de l'enfance, en le sévrant de bonne heure de la direction des femmes, peu capables de lui inspirer les sentiments mâles & généreux qu'il doit montrer, devenu homme.

De-là le Portrait qu'on fait d'un Précepteur, & ce qu'on lui prescrit, sur la façon dont il doit en agir, à mesure que son ÉMILE avance en âge, & que ce jeune Difciple fait des progrès dans les Études. On l'avertit que la douceur & la complaifance doivent accompagner fes paroles & fes actions ; qu'il doit fur - tout s'attacher à connoître parfaitement le caractére de fon Éleve : rien n'eft plus effentiel que cette connoiffance.

Or, le Précepteur qui doit encore s'attacher à expliquer briévement & clairement ce que fon Éleve defire fçavoir, trouvera dans cet Ouvrage la maniere la plus prompte & la plus aifée de le conduire, depuis les premiers Élements, jufqu'à ce qu'il foit en état de fe paffer de Maître.

Il doit fur-tout éloigner de ce jeune Eleve, tout Livre capable de porter la moindre altération à la pureté des mœurs, & pour que dans le cours de fes Études il faffe de plus grands progrès, il ne doit lui mettre entre les mains que les Auteurs les plus intelligibles. Qu'il fe fouvienne encore à cet égard, qu'un Enfant ne fçauroit acquerir une connoiffance parfaite de ce qu'on lui enfeigne, & qu'il eft de la derniere importance de s'accommoder à fes lumieres, & à la facilité qu'il a de concevoir ce qu'on lui explique.

Cette partie ne demande pas feulement des foins, mais encore beaucoup de complaifance : le Maître ne doit jamais fe rebuter ; il eft au contraire de fon devoir, de ne rien négliger de tout ce qui peut conduire fon Éleve à la connoiſſance de la vé-rité, pour qu'elle pénetre, pour ainſi dire, tous les reſſorts de fon eſprit.

Mais ce n'eſt point aſſez que de parler des Maîtres; on n'a pas dû ſe taire ſur ce qui re-garde les Peres & les Meres. On les entend parler ſans ceſſe de l'Éducation de leurs Enfants, & ils n'ont pas deux ſentiments ſur ſa néceſſité : cependant com-bien n'en voit-on pas dont la conduite démontre qu'ils regar-dent cette Éducation comme la choſe du monde la plus indiffé-rente?

En effet, point de choix quand il s'agit de donner un Précepteur à leurs Enfants, point de diſcernement pour ce qui en concerne le caractére, qui devroit être toujours analogue à celui du Diſciple.

Que de régles n'a-t-on pas néanmoins pour cette partie ? Elles ont été tracées par les plus habiles mains en différens temps; il ne faut qu'ouvrir *Eraſme* ; feuilleter dans *Mabillon* ; lire *Thomaſſin*, *Bâcon*, *Milton*, *Rollin*, *Dumarais*, & nombre d'autres.

Que ſi ces célébres Auteurs paroiſſent trop anciens (eu égard à la maniere de vivre d'aujourd'hui) qu'on ſuive le Plan d'Éducation, que vient de donner M. de la Chalotaix, Procureur Général au Parlement de Brétagne; il eſt tel qu'on n'a pas craint d'en faire le fondement du Nou-

VEL ÉMILE ; cet illuftre Magiftrat a pouffé la carriere bien-loin au-delà du but que fes prédéceffeurs avoient atteint.

Pour rendre cet Ouvrage plus intéreffant, & lui donner plus de perfection, on ne s'eft point écarté du premier ÉMILE, en ce qui s'y trouve de bon : car, il faut l'avouer ; malgré tout ce qui, dans *Jean Jacques Rouffeau*, mérite la cenfure la plus févere, il y a bien des chofes admirables.

On a tâché de démontrer, dans l'ÉMILE CHRÉTIEN, la néceffité des Études & à en marquer les avantages & les prérogatives, qui deviennent encore plus confidérables, lorfqu'elles font relevées par l'éclat de la naiffance.

On y prouve , que les Peres & les Meres sont responsables envers leurs Enfants , de cette partie de l'Éducation , qui peut tant contribuer à leur fortune ; & pour qu'on n'ait rien à desirer sur cet article , dans le nouvel ÉMILE , on y indique les matériaux que le Maître doit employer pour porter son Éleve à la perfection ; on y cite les Auteurs qu'il lui doit faire étudier , pour qu'il prenne une connoissance suffisante de la Philosophie & des Mathématiques. En conduisant ainsi le Maître dans la carriere de tous les Auteurs qui ont traité des Études en général , & qui peuvent rendre un jeune homme pieux & sçavant , on n'a point négligé ce qui regarde l'ufage du monde.

Ainfi, on ne verra point notre ÉMILE un homme profond en fçavoir, dont l'afpect Stoïcien ne préfente au fortir de fes Études, que la figure d'un Écolier ; & l'on veut que ce Maître lui épargne une nouvelle étude de l'ufage du monde. On veut que cet ÉMILE fe préfente avec cet air ouvert & affable, qui, joint à une modeftie naturelle, fait l'ornement de la Société. On veut, dis-je, qu'ÉMILE forte des mains de fon Précepteur, non avec cet extérieur compofé, qu'un Maître de Novices fait prendre à fes Éleves ; mais avec ces manieres aifées, qui conviennent à tout jeune homme deftiné à jouer un certain rolle dans le monde.

Ce n'eft encore ici qu'un Effai ; s'il réuffit à l'égard de ceux qu'on a eu en vue , on pourra donner un Traité particulier , pour l'Éducation des jeunes Demoifelles ; objet non moins important à la Société.

TABLE

DES ARTICLES ET DES TITRES,

Contenus dans le premier Volume.

Fin de la Table du premier Volume.

ÉMILE CHRÉTIEN,

OU

DE L'ÉDUCATION.

ARTICLE PREMIER.

Du Choix d'un Précepteur.

L seroit à souhaiter, que les Peres pussent être eux-mêmes les Maîtres de leurs Enfants. C'étoit autrefois le souhait de Quintilien. L'amour & le respect, que l'Auteur de la nature a gravé dans le cœur des Enfants pour leurs Peres, leur faisant bien recevoir tout ce qu'ils leur diroient ; on les verroit

Tome I.   A

faire en peu de temps , de merveilleux progrès dans la vertu , auſſi bien que dans les belles-lettres.

Pline le jeune nous apprend que c'é-toit autrefois la coutume d'en uſer ainſi. Pline , *Ep.* 4.

Nous voyons dans l'hiſtoire , qu'Ori-géne profita merveilleuſement ſous ſon pere ; Adeodat ſous St. Auguſtin : ſes penſées & ſes réponſes étoient ſages , tout jeune qu'il étoit.

Quintilien fit pour ſon fils un excel-lent Livre des Inſtitutions , que nous avons encore. *Un pere doit à ſa patrie le ſoin de l'éducation de ſes enfants ; les abeilles & les fourmis ſont un bel exem-ple de la néceſſité de travailler pour le bien public.* Quint. Liv. V. On ne peut mieux y contribuer , qu'en donnant à ſes enfants une éducation , qui les rende capables de remplir dignement des em-plois. Un pere mérite-t'il qu'on lui ſça-che gré de donner des citoyens inutiles à la patrie ?

Thomas Morus , ce ſçavant & pieux Chancelier d'Angleterre , inſtruiſoit auſſi ſes enfants : nous avons vu de notre ſie-cle pluſieurs exemples de cette belle

conduite. Plusieurs peres qui étoient
dans des charges publiques & importantes, se faisoient un plaisir de bégayer
avec leurs enfants. Parmi ces peres, je
ne mettrai ici que M. Daguesseau, pere
du Chancelier ; Joseph Scaliger ; Isaac
Casaubon ; Hugo Grotius ; Claude Sau-
maise ; Jérôme Bignon ; Blaise Pascal ;
M. Racine pere ; M. Chicoineau ; M.
Fises le Médecin, un des sçavans hommes de la Faculté de médecine de Montpellier.

Ces peres éclairés sçavoient bien, que
leur principale obligation étoit de travailler à perfectionner leur ouvrage ; &
Dieu leur donnoit pour récompense cette
consolation, de voir que leurs enfants
avoient souvent achevé leurs études dans
un âge où les autres ne font que commencer les leurs.

Quelques tendres que soient les sentiments des peres pour leurs enfants,
l'engagement d'une Charge, le soin d'une
grande famille, le tracas des affaires les
empêchent de vaquer à ce devoir, & les
privent de cette sensible consolation qu'ils
auroient. Ils doivent néanmoins s'appliquer avec grand soin à chercher un bon-

nête homme à qui ils puissent confier en assurance le plus riche dépôt qu'ils aient au monde , qui est celui de l'innocence ; ensorte qu'ils pussent se décharger de la plus importante & de la plus indispensable de leurs obligations : trop heureux ! s'ils pouvoient le trouver après l'avoir bien cherché.

Feu M. le Président de Lamoignon , demandant à M. Hermant un Précepteur pour Messieurs ses enfants , lequel sçût parfaitement le latin , le grec , l'histoire ecclésiastique & profane ; M. Hermant lui ayant laissé étaler à loisir les qualités qu'il souhaitoit rencontrer dans un Précepteur , lui dit : j'ai bien votre affaire , je connois votre homme. M. de Lamoignon fut bien surpris d'entendre M. Hermant lui dire d'un ton ironique : c'est M. Bignon.

Madame la Présidente de Granville en demandoit un à M. Bailliet , qui sçût les Belles-Lettres , la Philosophie , la Théologie , l'Histoire , les Mathématiques , le Blason ; & M. Bailliet lui dit séchement : vous faites bien , Madame , de me dire ce que vous prétendez avoir , je vous demande un peu de temps , &

je chercherai un Peintre pour en peindre un ; quand il fera fait je vous l'en-
verrai. Qu'il eft trifte d'en voir aujour-
d'hui qui ignorent les principes de leur
Religion, les Belles-Lettres, & qui ne
fçavent pas même les ufages du monde.
*Ces Pédants, dit Montagne, n'amandent
point ce qu'on leur commet, comme fait
un Charpentier & un Maçon, mais l'em-
pirent, & fe font payer de l'avoir empiré.*

ARTICLE II.

*Des bonnes qualités qui font fouhai-
tables dans un Précepteur.*

MONSIEUR, étant auffi fage que
vous l'êtes, vous n'aurez pas manqué de faire choix d'un honnête homme,
qui ait de bonnes qualités, fans lefquelles il eft impoffible de réuffir dans le deffein que vous vous propofez. Je fuppofe
donc que cet honnête homme ait beaucoup de piété, d'érudition, de douceur
& de patience ; j'ajoute à tout cela, qu'il
ne foit pas trop attaché à fes petits intérêts, & qu'il ait un extérieur convenable.

Je mets en premier lieu la piété, parce qu'ayant à inſtruire un jeune Chrétien, il doit travailler à ce qui regarde ſon ſalut, préférablement à ce qui regarde les belles-lettres : la ſcience eſt belle en elle-même, mais elle doit toujours ſe rapporter à la vertu, qui nous rend ſeule agréable à Dieu. *Melior eſt homo qui minuitur ſapientiâ, & in Dei timore ambulat, quàm qui abundat ſenſu & tranſgreditur legem Altiſſimi.* Eccl. c. 19. 2 1.

Je mets en ſecond lieu, la ſcience & la capacité, car un jeune enfant, n'ayant encore aucune ouverture d'eſprit, il a grand beſoin d'un Maître éclairé, qui le conduiſe, & qui lui apprenne à diſcerner ce qui eſt bon d'avec ce qui eſt mauvais, ce qui peut lui être utile d'avec ce qui peut lui nuire. Il doit lui former le jugement, lui donner le goût & le diſcernement du vrai, lui apprendre à ne pas ſe laiſſer éblouir par un vain éclat, des paroles vuides de ſens, à ne pas ſe paier de mots ou de principes obſcurs, & à n'être jamais ſatisfait, qu'il n'ait pénétré à fond ce qu'on doit lui apprendre.

Il faut qu'un Précepteur intelligent ſçache les routes du pays Latin & de la

Gréce, pour n'y pas laisser égarer son éleve.

Il faut en troisieme lieu, qu'il ait beaucoup de douceur, pour se faire aimer, & de patience, pour ne pas se rebuter des petites peines qu'il faut nécessairement essuyer dans les premiers commencements des études, qui sont semblables à un rude hiver, durant lequel l'on ne voit encore paroître ni fruits ni feuilles.

» Toutes les instructions qu'on fait à » son éleve, dit Montagne, doivent être » proportionnés à son âge & à la qualité » de son esprit, & de telle sorte, que » non-seulement il ne soit pas chargé, » mais même qu'il ne s'en apperçoive » pas ; il faut tâcher qu'il sçache toute » la Morale, sans sçavoir presque qu'il » y en ait une ».

Rien n'est plus difficile que de se proportionner ainsi à l'esprit des enfants, & c'est avec raison que Montagne dit, que c'est l'effet d'une ame bien forte & bien élevée, de se pouvoir accoutumer à ces allures puériles ; mais d'y rapporter toujours toutes choses, sans qu'un enfant s'en apperçoive & s'en dégoûte ; c'est

A iiij

ce qui demande une adreſſe qui ſe trouve en peu de perſonnes. Quelle ſcience ! quelle douceur ne faut-il pas avoir ?

48. Il faut qu'il ait un maintien honnête & convenable , un extérieur qui ne préſente rien de ridicule , une propreté qui n'ait rien d'affecté , qui puiſſe inſpirer aux parents de la confiance , aux éleves du reſpect , au public de la conſidération.

Enfin , il eſt à ſouhaiter qu'un Précepteur ne ſoit pas trop attaché à ſes petits intérêts. Ceux en qui ce défaut ſe trouve , ne ſont pour l'ordinaire que médiocrement touchés de la pareſſe & du peu de progrès que font ceux dont on leur a confié le ſoin. Il leur ſuffit qu'ils gardent le dehors & les apparences , ſous leſquelles ils cachent leur inapplication à leurs devoirs.

Il eſt juſte de les récompenſer , & il eſt honteux , que des domeſtiques ſoient mieux payés , plus conſidérés mille fois , que ceux à qui l'on confie le ſoutien & l'eſpérance des familles. Et ſi les Maîtres n'ont pas le courage de réſiſter à ces humiliations, comment peut-on s'imaginer

qu'ils conferveront l'élévation de l'efprit
& du cœur, fi néceffaire dans leur emploi. L'opprobre avilit l'ame & flétrit
le courage.

ARTICLE III.

*Des Difpofitions où doit être un
jeune homme, pour profiter du
foin & de la peine que veut bien
fe donner un habile Précepteur,
pour l'avancer dans fes études.*

LA premiére & la plus effentielle,
eft le defir fincere de vouloir devenir fçavant. *Sapientiam amavi, & exqui-
fivi à juventute meâ, & quæfivi fponfam
mihi eam affumere, & amator factus
fum formæ illius.* Sageffe, chap. 8.
Le feconde, c'eft la difpofition, &
la docilité. Un jeune homme doit toujours fe laiffer conduire dans fes études,
par une perfonne habile & expérimen-
tée, qui lui prefcrive les livres qu'il doit
lire, & l'ordre qu'il y doit garder, pour
ne pas fe laiffer emporter de lire à

contre - temps toute forte d'auteurs.

La troifieme, eft l'application à l'é-tude ; l'amour de la fcience diffipera la pareffe, & la docilité ne lui fera lire que de bons livres auxquels il fera à propos de s'appliquer, fuivant l'état où l'on fera, & le progrès qu'on aura fait. L'étude a fes regles auffi bien que les autres exercices, & elle ne fçauroit réuffir fi l'on ne s'y conduit avec méthode.

La quatrieme, eft la conftance & la perfévérance dans le travail de l'étude. La fcience n'eft pas l'ouvrage de deux ou trois ans feulement, un habile homme étudie toute fa vie.

La cinquieme, eft de fe propofer une bonne fin, qui eft, de perfectionner fon efprit, & de le mettre en état de porter toujours un folide & véritable jugement de toutes chofes : la volonté eft aveugle, elle a befoin d'un guide éclairé & fidele dans tous les événements de la vie, afin qu'il lui faffe connoître de quels moyens elle doit fe fervir pour arriver à fes fins ; les études fervent à éclairer l'efprit ; un homme fçavant eft bien plus clairvoyant qu'un autre. On a vu des génies extraor-dinaires, paffer tout d'un coup de la méditation du cabinet , aux Charges les plus difficiles.

Outre cette fin générale que les enfants doivent toujours se proposer dans leurs études , il y en a encore beaucoup de particulieres qu'ils pourroient avoir , & qui sont très-bonnes.

Ils peuvent étudier par une humble soumission & obéissance à l'ordre de Dieu , qui a condamné tous les hommes au travail : or , l'étude est le travail des jeunes gens.

Ils peuvent étudier par le desir de connoître la vérité , afin de s'en nourrir , de s'en édifier & même pour la défendre , si Dieu leur en fait naître l'occasion.

Par charité , pour instruire le prochain. Jean Gerson , Chancelier de l'Université de Paris , ne faisoit-il pas gloire , parmi ses grandes occupations , d'instruire les enfants & de les catéchiser , répondant à ceux qui lui conseilloient de s'appliquer à des emplois plus considérables , qu'il ne croyoit pas qu'il y en eût de plus nécessaire & de plus glorieux que celui - là ? Socrate , le plus sage de tous les hommes , regardoit l'instruction de la jeunesse , comme le seul emploi digne de lui. Quelle leçon pour ceux qui regardent cet état au-deſſous de leurs talents, & qui ſe livrant au préjugé , traitent avec mépris ceux qui l'exercent ! Quelle leçon auſſi pour ceux, qui ſans s'être donné la moindre peine pour acquérir des lumieres , ont la préſomption de ſe croire capables d'élever des enfants , & décrient par leur ignorante incapacité , la plus noble & la plus importante de toutes les profeſſions.

ARTICLE IV.

Des premiers Fondements de l'Education.

QUELQUES tendres que ſoient les ſentiments des parents pour leurs enfants , ils ne doivent point négliger leur éducation. Leur plus noble occupation doit être de former de bonne heure le cœur & l'eſprit de ſes enfants, ils leur doivent les premieres inſtructions. Cette premiere culture décide du ſort de ces jeunes plantes. Inſtruiſez votre fils , dit le Sage. Travaillez à le former de bonne heure ; ce qu'on enseigne dans un âge tendre, jette de profondes racines qui s'étendent jusqu'à la vieilleſſe. Avant qu'ils ſçachent parler, on peut les préparer à l'inſtruction en les rendant dociles, patiens, gais, & tranquilles : il faut menager avec grand ſoin leurs organes en attendant qu'ils s'affermiſſent, repondre promptement à leurs queſtions, & leur en laiſſer faire d'autres à leur gré : c'eſt perdre le temps le plus précieux de leur vie, que de leur laiſſer employer leurs premieres années à des bagatelles : dès qu'ils ſçavent parler, il faut leur apprendre à lire & à écrire. Ces études préliminaires dépendent plus de la mémoire, que du raiſonnement.

Pour leur apprendre à lire, on a ſuivi une méthode difficile, très-longue & très-propre à les dégoûter ; elle a pourtant réuſſi, & réuſſit en effet dans un grand nombre d'enfants, quand ils ſont bien enſeignés. On a propoſé au Public une nouvelle maniere d'apprendre, qu'on appelle le *Bureau Typographique* : c'eſt M. Dumas, natif de Montpellier, qui en eſt l'Auteur. Le Bureau Typographique eſt une table beaucoup plus longue que large, ſur laquelle on place une ſorte de tablette, qui a trois ou quatre étages de petites loges, où l'on trouve les différents ſons de la langue, exprimés par des caracteres ſimples ou compoſés ſur autant de cartes. Chacune de ces logettes indique par un titre, les lettres qui y ſont renfermées. L'enfant range ſur la table le ſon des mots qu'on lui demande, en les tirant de leurs loges, comme fait un Imprimeur en tirant des caſſetins les différentes lettres dont il compoſe ſes mots, & c'eſt ce qui a fait donner à ce Bureau, l'épithete de *Typographique*. Cette méthode eſt amuſante & agréable. J'ai vu des enfants de quatre à cinq ans, qui commençoient à lire paſſablement : le Maître peut exercer pluſieurs enfants au même Bureau, ce qui peut allumer entr'eux une utile émulation.

Launai, Maître de Penſion, a trouvé une nouvelle méthode, pour apprendre à lire le François & le Latin, par un ſyſtême ſi aiſé & ſi naturel, qu'on y fait plus de progrès en trois mois qu'en trois ans, par la méthode ancienne & ordinaire.

Elle se vend à Paris, chez Robinot l'aîné, & chez F. G. Merigot, Quay des Augustins. Cette méthode est simple, facile & abrégée ; & on y trouvera les premiers principes de la Grammaire, avec un exemple des déclinaisons & des conjugaisons.

Il faut commencer à les faire lire en François : les enfants apprennent à lire plus volontiers quand ils entendent ce qu'ils lisent. Il faut les faire lire lentement, ni trop haut, ni trop bas ; les accoutumer à lire quelque histoire, ou quelque chose de curieux ; leur expliquer ce qu'ils lisent ; & comme les images plaisent infiniment aux enfants, on leur fera lire le catéchisme de M. de Fleuri. *Noë se sauva dans l'Arche* : on lui montrera l'image, & on lui en expliquera toutes les parties ; il leur inspirera de bonne heure l'horreur du vice, l'amour de la vertu & l'obéissance qu'on doit aux ordres de Dieu.

Il faut les accoutumer de bonne heure à écrire : il suffit qu'un jeune homme écrive légérement & d'une maniere lisible, dès qu'il sera arrivé à sa douzieme année ; il en fera plus en quatre mois pour la beauté de la main, qu'il n'en auroit fait en quatre années ; & alors il faudra lui apprendre la ponctuation & les accents ; rien ne contribue plus à l'ordre, à la netteté & à l'intelligence de ce qu'on lit.

ARTICLE V.

De la Réligion.

LA Religion est la connoissance & le culte de la Divinité. Cette connoissance ne doit pas être stérile ; elle nous doit porter à le servir, à l'aimer & à l'adorer.

Tous les Peuples ont une Religion, & le culte qu'ils rendent à ce qu'ils adorent, est accompagné des cérémonies plus ou moins grandes, selon qu'ils font plus ou moins éclairés des lumieres de foi & de la raison. Il n'y a rien de si nécessaire que d'être instruit d'où nous vient cette Religion, ce qu'elle promet, ce qu'elle ordonne, ce quelle défend. Les Gouvernantes voulant instruire les enfants, leur font des contes ridicules,

les entretiennent des contes des fées,
leur racontent que les morts reviennent
la nuit fous des figures hideufes ; leur
récitent des chofes abfurdes qui peuvent
leur donner quelques doutes , ou du
mépris pour la Religion , lorfque dans
un âge plus avancé , ils voyent qu'on les
a trompés. Comme l'on doit proportionner les inftructions à la portée de ceux
qui les reçoivent , il faut donner aux
enfants le Catéchifme du diocèfe ; on y
joindra le Catéchifme Hiftorique de M.
l'Abbé Fleuri : (je parle du premier qui
eft fait pour les enfants ;) on ne peut
faire trop de cas ni trop d'ufage de cet
excellent Livre. On doit commencer
par leur lire le récit hiftorique qui pré-
cede les demandes , ou ce qui feroit
beaucoup mieux , le leur faire de vive
voix. Après cela, on paffera aux demandes & aux réponfes , qu'on repétera
chacune plufieurs fois , afin que l'enfant
les entende parfaitement. J'ai vu , dit
M. de Fenelon , une jeune Demoifelle
de qualité , âgée de quatre ans feulement , & qui ne fçavoit pas encore lire ,
à qui l'on avoit appris le catéchifme hiftorique tout entier , fur lequel elle ré-

pondoit sans hésiter , dans quelque endroit du Livre qu'on la mît. Après qu'on aura parcouru de la sorte le catéchisme, on le recommencera ; & quand il sçaura bien les demandes & les réponses, on lui fera apprendre par cœur le récit historique. Cet exercice du catéchisme peut occuper trois à quatre années de l'enfance , après quoi, dans un âge plus avancé , on lui donnera les Mœurs des Israëlites ; l'Histoire Universelle de M. de Bossuet ; le Catéchisme du Concile de Trente ; & un Abrégé clair & précis des Dogmes de notre Religion : plusieurs habiles mains y ont travaillé : il convient à tous les états ; la vérité de la Religion Chrétienne , par Grotius; les Pensées de Pascal sur la Religion.

Il y a dans le Monde quatre sortes de Religion ; la Payenne ; la Mahometane ; celle des Juifs & celle des Chrétiens : mais la seule véritable est la Catholique, Apostolique & Romaine. Il est important d'accoutumer les jeunes gens à se soumettre à ceux qui depuis J. C. jusqu'à nous , ont été sans interruption les dépositaires de sa Doctrine. Il n'y a que deux moyens pour connoître la vérité;

l'examen & l'autorité : tout le monde n'est pas en état d'examiner ; il faut donc se soumettre à l'autorité, qui est la regle du sçavant aussi-bien que de l'ignorant.

ARTICLE VI.

De quelles Regles faut-il se servir pour apprendre à un jeune homme les premiers éléments de la Langue Latine.

LA maniere de montrer aux enfants la Langue Latine, est de se servir des regles qui leur apprennent à décliner les noms, à conjuguer les verbes, & à bien ranger les noms, les verbes dans le discours, ce que la sintaxe apprend. Or, l'on demande, si pour bien apprendre ces déclinaisons, ces conjugaisons, & la sintaxe, on doit se servir des regles latines de Maître Jean Despautere, ou de la nouvelle méthode de Port-Royal, imprimée chez Antoine Vitré 1644., où ces regles sont

en François : la réponse est aisée , &
l'on ne peut assez admirer le peu de raison , qu'ont ceux qui croient qu'on doit
faire apprendre aux jeunes enfants , en
des vers Latins ou François , qu'ils n'entendent pas , & qui ne sont pas même
intelligibles en beaucoup d'endroits , les
principes d'une Langue qu'ils entrepren-
nent de leur montrer ; & en effet , veulent-ils les rebuter & leur donner de
l'aversion pour des études , où ils n'ont
pas encore fait les premiers pas.

Quand on desire apprendre l'Italien ,
l'Allemand ou l'Espagnol , à des gens
qui ont déjà l'esprit tout formé , leur
fait-on apprendre en des vers Italiens ,
Allemands ou Espagnols , les premiers
principes de ces Langues ? L'on n'a garde ; puisque ce seroit supposer , qu'ils
entendent déjà ces Langues , qu'on desire
leur faire apprendre.

ARTICLE VII.

Quels Livres faut-il mettre entre les mains des Enfants, quand ils sçavent bien décliner & conjuguer.

JE serois d'avis qu'on leur mît entre les mains, le petit Livre des Sentences tirées de l'Ecriture-Sainte, qui se vend à Paris.

L'Université de Paris veut que les Ecoliers apprennent tous les jours quelque chose du Nouveau Testament, & le Parlement de Paris, qui veille à l'observation des Statuts de l'Université, enjoint au Principal d'y tenir la main.

On doit toujours, autant qu'on le peut, joindre ces trois utilités dans l'instruction :

SÇAVOIR,

Remplir leur esprit des meilleures choses.

Exercer leur mémoire.

Leur former peu à peu le jugement.

Or, c'est à quoi ce petit Recueil des

Sentences peut beaucoup servir ; il ne contient que les instructions que le Saint-Esprit donne à tous les Chrétiens , pour la conduite de leur vie : donc , il est utile d'en remplir la mémoire des enfants , pour qu'ils n'oublient jamais ce qu'ils ont appris dans leur bas âge. Il ne faut leur en faire apprendre qu'une ou deux le matin , & autant l'après-dîné ; mais il faut avoir grand soin de leur faire exactement décliner tous les noms & conjuguer tous les verbes qui s'y trouvent ; leur demander la propre signification des noms , & faire remarquer le genre , le cas , & les nombres. On leur fera répéter tous les Samedis , tout ce qu'ils auront vu ou appris par cœur durant la semaine , parce qu'il faut bien exercer la mémoire , en quoi les enfants excellent d'ordinaire.

Il faut les accoutumer à dire toujours leurs petites leçons, d'une voix haute & distincte , parce qu'il est très-difficile de faire quitter les méchantes habitudes, qu'on leur a laissé prendre dès leur jeunesse. C'est pourquoi Tertulien appelle les Maîtres , *Obstetrices animorum* , les Accoucheurs des esprits ; parce que c'est

à eux à apprendre aux jeunes gens, non-
feulement à bien former leurs penfées
dans leurs efprits, mais auffi à les bien
examiner & à les mettre au jour en bon
ordre, en bons termes, & de bonne
grace.

Après que de jeunes enfants auront
paffé quelques mois dans ce petit exercice, on peut leur faire voir les Auteurs
latins les plus aifés & les mieux traduits
en notre Langue ; car il faut toujours
faire en forte, qu'en leur voulant faire
acquérir le droit de Bourgeoifie dans
Rome & dans Athênes, ils ne foient pas
barbares & étrangers dans leur propre
pays.

Ces Livres aifés dont j'entends parler,
font les Fables de Phedre. Ces Fables
font un Livre fi bien écrit & fi joli,
qu'elles méritent d'être lues avec foin,
par tous ceux à qui la belle latinité & le
tour délicat du fiecle d'Augufte plaifent :
elles font pleines d'une Morale fi jufte &
fi fine, qu'on ne peut fe laffer de les
lire. Ce Livre a deux avantages ; l'un,
qu'il fait rire ; l'autre, qu'il donne de
bons confeils pour la conduite de la vie.
Duplex Libelli dos eft, quòd rifum movet,

Et quòd prudenti vitam confilio monet.
Les Comédies de Terence ; les Parado-
xes , les Tufculanes & les Offices de
Ciceron ; les billets de Ciceron ; les
Commentaires de Céfar ; le Quinte-Cur-
ce ; le quatrieme & le fixieme Livre de
l'Eneïde ; les Epitres de Pline le Jeune.

ARTICLE VIII.

De l'Explication des Auteurs Latins.

LE but que le Maître doit toujours
fe propofer , eft de faciliter aux
enfants qu'il a à inftruire , l'intelligence
des Auteurs qu'il leur fait lire ; pour
cela , il faut connoître leur portée , &
bien confidérer s'ils font foibles , ou s'ils
font déjà un peu avancés.

Il doit toujours commencer par la
conftruction & l'arrangement des mots ,
qui compofent une phrafe ; enfuite leur
dire la propre fignification des verbes, &c.

Il doit leur faire bien connoître un
nom adjectif , & un nom fubftantif : on
compare

compare un nom fubftantif à une perfonne de qualité qui ne va pas ordinairement tout feul , mais qui eft toujours accompagné de fon nom ; & l'on compare
les noms adjectifs à des valets qui fuivent
toujours leur maître par-tout où il va : fi
un nom fubftantif eft du genre mafculin ,
s'il eft au pluriel ; le nom adjectif le doit
fuivre , & il faut qu'il foit auffi au même
genre & au même nombre.

Que fi les enfants font plus avancés , le
Maître doit s'arrêter davantage à la phrafe , à fon tour & à l'arrangement des
mots , qui en fait toute la beauté.

Il faut leur faire bien remarquer dans
les Auteurs qu'on leur fait voir , les belles
defcriptions d'une tempête , d'une bataille , d'un jardin , &c. les belles Sentences
morales , les mouvements d'une paffion
bien touchée.

Les endroits de Virgile les plus dou-
loureux & les plus funeftes , font ceux
qui me font le plus de plaifir. La mort
de Didon a un charme tout particulier ,
& cette Reine malheureufe occupe
agréablement l'efprit , quand toute éplo-
rée & le vifage couvert d'une paleur mor-
telle , elle monte fur fon bucher , qu'elle

tire l'épée dont elle veut se percer le sein, & qui ne lui a pas été donnée pour un tel usage :

O hos quæsitum munus, in usus dulces
Exuviæ dum fata Deusque sinebant.

Quand prête à se tuer elle-même, elle fond en larmes à la vue du Prince Troyen.

Quand enfin, après avoir déclaré en soupirant, qu'elle seroit heureuse si les bords de Troye n'avoient jamais touché les bords de Carthage, elle dit dans un transport furieux :

Quoi mourir sans se venger !

Moriemur inultæ !

Puis un reste d'amour se mêlant à la rage & à la douleur,

Mourons, ajoute-t'elle, c'est ainsi qu'il me faut périr ! que le cruel voye au moins la flamme de mon bucher, & emporte avec soi des assurances de ma mort.

Sed moriamur ait, si sic juvat ire sub umbras,
Hauriat hunc oculis ignem crudelis ab alto
Dardanus, & nostræ secum ferat omina mortis.

Il faut que le Maître lui fasse remarquer les mauvaises & les belles actions des Princes ; il doit toujours se souvenir qu'il est Chrétien , & élever les enfants d'une maniere chrétienne ; leur faire remarquer les folies , le fiel , les amertumes & les suites funestes de l'amour ; qu'il n'est jamais permis de se venger ; que la vengeance est reservée à Dieu ; qu'il n'y a point de situations dans lesquelles il soit permis à l'homme de s'ôter la vie ; qu'il la doit à son Dieu , à la patrie & à lui-même ; que l'action en elle-même est précédée des plus furieuses agitations ; qu'elle s'exécute avec les symptômes du plus affreux désespoir (comme on peut voir par l'exemple de Didon) & qu'il en coûte infiniment à surmonter la répugnance qu'apporte la nature à sa destruction : c'est un plus grand mal de se tuer soi-même que d'en tuer un autre , par la raison qu'apporte St. Augustin , que *personne ne nous est si proche que nous-même.* Dans une des lettres de Rousseau , il y a une apologie du suicide , qui prouve le peu de religion de l'Auteur , & que ce Philosophe étoit plus géométrique dans ses principes , que sûr dans ses conséquences.

Un Maître intelligent & chrétien devroit ici exhorter son éleve à lire les

Confeſſions de St. Auguſtin : de tous ſes
ouvrages, il n'y en a point qui ait eu plus
de cours ; on y apprend ce que fait pour
Dieu un cœur pénétré de reconnoiſſance
des graces qu'il en a reçues.

ARTICLE IX.

Doit-on appliquer les Enfants à faire des Themes.

QUAND on fait apprendre une Langue étrangere à une perſonne déjà
âgée & qui a l'eſprit tout formé, par
exemple, l'Italien, l'Allemand & l'Eſ-
pagnol ; il eſt de notorieté publique,
qu'on ne s'eſt jamais aviſé de le faire d'a-
bord écrire en cette Langue ; ce ſeroit
aller contre le bon ſens & la raiſon,
puiſque ce ſeroit ſuppoſer qu'il ſçavoit
déjà la Langue, qu'on deſire, & qu'on
prend à tâche de lui faire apprendre. Que
fait-on donc ? Premiérement, on lui met
en main quelques Livres compoſés en
cette Langue, des plus aiſés, & qui contiennent les expreſſions les plus ſimples,

& que l'ufage commun de la vie civile rend les plus néceffaires ; on les lui fait lire fouvent , & on l'accoutume à les bien prononcer, & s'il bégaie quelque-fois en cette Langue , fon Maître qui eft préfent le redreffe quand il fait des fau-tes ; mais il ne permet pas qu'il prenne la plume en main , pour écrire en cette Langue , qu'après qu'il lui a laiffé paffer un temps confidérable à mettre diverfes petites phrafes fur le papier , pour s'ac-coutumer à s'énoncer d'une maniere paffable.

On voit par les Dialogues de Vives & d'Erafme , que c'eft de cette maniere qu'il falloit montrer le Latin.

Or, donner des Themes à des enfants , c'eft-à-dire, leur donner du François pour le mettre en Latin , fans leur avoir fait voir aucun Auteur latin auparavant, c'eft les vouloir faire monter fans échelle , du bas d'un étage fur le toît ; & c'eft pré-tendre qu'un arbre doit porter du fruit avant qu'il ait pris racine. Vous me direz que ces enfants ont leur Dictionnaire, qu'ils y cherchent les mots qu'ils ne fça-vent pas , & qu'ils y trouvent même quel-quefois les phrafes toutes entieres dont ils ont befoin pour faire leurs Themes ; eft-ce pour apprendre un langage tout barbare , & qui n'eft ni François ni Latin , qu'on les envoye au Collège ? c'eft pour leur apprendre à parler la Langue latine ; c'eft pour leur apprendre à parler comme parloient les anciens Romains. Or , je ne crois pas que ce foit en fuivant cette méthode , qu'on y puiffe bien réuffir : comment donc faudroit-il faire ? c'eft ainfi qu'on fait dans tous les Colleges.

Si cette coutume des Colleges peut être changée en une meilleure , y auroit-il grand mal de la quitter ?

Ce qui eft indubitablement certain , c'eft que n'appliquant des enfants durant deux ou trois ans , qu'à la lecture des bons Auteurs latins qu'on voit dans les Claffes ; tels que font Phedre , Ciceron , Tite-Live , Virgile & Horace , leur en faifant bien traduire & apprendre par cœur les plus beaux endroits , & remarquer l'arrangement des mots & la cadence des périodes , il feroit impoffible qu'ils ne fe rempliffent de telle forte l'efprit & la mémoire des belles expreffions & des phrafes de ces bons Auteurs , qu'ayant après cela à écrire en cette Langue , ils le faſſent d'une maniere libre & élégante, qui ſe reſſentiroit toujours un peu de la beauté & de la nobleſſe d'écrire de ces grands génies de l'antiquité , qu'on ſe propoſe pour modéles.

Cela , à la vérité , demande l'application & du temps.

Je ne dis rien ici des regles qu'il faut tâcher toujours de ſuivre dans la traduction : on peut les voir dans les Regles de l'Education , qui ſe vendent chez Nulli , rue S. Jacques , à l'image S. Pierre.

ARTICLE X.

Des Themes.

JE ſuppoſe qu'on faſſe faire des themes ; il faut être exact à les corriger.

1°. Il faut d'abord s'arrêter aux fautes groſſieres qui ſont contre les regles de la ſintaxe , des déclinaiſons , des prétérits & ſupins , ce qu'on appelle ſolécifmes.

2°. Il faut enſuite s'arrêter aux barbariſmes , quand les mots dont ils ſe ſont ſervis ne ſont pas dans la pure latinité

& ufités ; & quand ils ne fe trouvent pas dans les Auteurs anciens, mais feulement dans les modernes ; quand ces mots font mal rangés, & quand la phrafe n'a pas la cadence qu'elle devroit avoir.

3°. Il ne fuffit pas de dire à un enfant que fon theme ne vaut rien ; mais il faut lui faire voir en quoi ; il faut à une mauvaife expreffion en fubftituer une meilleure, qui foit plus pure & plus élégante fi l'on peut : un enfant apprendra par-là à faire une autrefois mieux. Or, il faut faire cela, dit Quintilien, d'une maniere enjouée, afin que la correction qu'on fait des fautes de l'enfant, ne faffe pas de peine. *Quintilien, liv. 2. chap. 4.*

Il faut apporter la même exactitude à corriger les traductions de latin en françois qu'on leur fait faire, fi on veut leur être utile.

ARTICLE XI.
Des Compofitions de ceux qui font un peu avancés.

ON peut exercer très-utilement les enfants à leur faire faire diverfes defcriptions, d'une bataille, d'un temple , d'une tempête , d'un palais , d'un jardin , en leur donnant toujours pour modéle ce qu'on leur avoit fait voir dans Virgile , Horace , Tite-Live , Pline le Jeune , &c.

. On peut leur faire faire des rélations d'une avanture qui leur fera arrivée , telle que celle que fait Horace , qui commence,

Ibam fortè viâ facrâ , &c.

Les lettres font très - utiles , parce qu'elles entrent dans le commerce de la vie civile , qu'elles ont une très-grande étendue , & que l'on y parle de toute forte de chofes ; ainfi , l'on ne fçauroit trop y exercer les jeunes gens. On peut leur faire faire de petits compliments, de recommandation d'un ami , d'une affaire de confolation , fur la mort d'un parent , d'une affliction , &c.

St. Auguftin témoigne dans fes Confeffions , ch. 17. , qu'au lieu de tirer des Auteurs prophanes , des compofitions qu'on fait faire aux écoliers , ce feroit mieux de les prendre dans les Livres de la Sainte Ecriture. *C'étoit là* , dit-il , *où il falloit chercher de quoi exercer l'activité & la mobilité de mon efprit , au lieu de le remplir de chiméres , & de le donner en proye aux esprits impurs qui voltigent en l'air.*

Ce grand Docteur témoigne qu'on lui donnoit aussi à mettre en prose ce que Virgile exprime si noblement dans ses harangues, en soutenant toujours le fort de son raisonnement & de ses pensées, par des expressions propres & plus élégantes.

Quintilien approuve & conseille fort cet exercice : quand les enfants commencent à être assez forts pour pouvoir marcher tous seuls, il faut les laisser aller, pour ne pas les accoutumer à n'oser jamais rien faire d'eux-mêmes, sans être soutenus par un guide. Il faut même leur laisser prendre un style un peu diffus : l'âge, le jugement, l'exercice & les bonnes lectures y feront les retranchements nécessaires : il ne faut pas attendre d'eux des pieces achevées & parfaites.

ARTICLE XII.
De la Versification.

L'ON a toujours donné de grandes louanges à la Poësie, & les Payens ont même cru que les Poëtes étoient pour

l'ordinaire remplis d'un certain enthou-
fiasme qui leur étoit infpiré des Dieux :
c'eft pourquoi ils recevoient toutes leurs
paroles avec un certain refpect ; & en
effet, non-feulement la Poëfie eft agréable, mais elle eft auffi très-utile : elle
éleve beaucoup l'efprit, elle fournit de
nobles & hardies expreffions, elle apprend à exciter les mouvements du cœur;
enfin, elle donne au difcours un air agréable qui l'embellit, & qui charme l'efprit.
Alexandre préféra les Œuvres d'Homere
à tous les écrits de l'antiquité ; il portoit
toujours l'Iliade avec lui, & la faifoit
mettre fous fon chevet avec fon épée ; il
trouvoit dans cet ouvrage, cette fage
politique qui foutient les Empires.

Je ne crois pas néanmoins qu'on doive
indifféremment confeiller à toute forte
de perfonnes, de s'appliquer à la Poëfie;
car outre que ceux qui n'ont pas de difpofitions naturelles ne peuvent réuffir,
& que de deux mille écoliers, il n'y en a
pas quatre qui s'avifent, au fortir du College, de s'appliquer à faire des Vers. Tous
les Médecins, les Jurifconfultes, les Avo-
cats, les Gentilshommes & les Ecclé-
fiaftiques n'ont pas befoin de fçavoir faire

des Vers , pour bien s'acquitter des fonctions de leur état ; mais ils ont tous grand
befoin de fçavoir bien le Latin , pour
pouvoir lire avec goût & plaifir les Livres
où ils peuvent apprendre leurs devoirs les
plus effentiels.

Ce n'eft donc pas à bien faire des Vers
qu'il faut mettre le progrès de notre cher
Emile dans fe études ; fi pourtant il avoit
du génie pour la Poéfie , je ne voudrois
pas l'en détourner : je voudrois au contraire , que fon Maître l'aidât & l'encou-
rageât à s'y appliquer fuperficiellement ;
il lui fera lire avec application les meilleurs Poëtes.

OVIDE eft de tous le moins géné , mais
fes meilleurs ouvrages , font ceux qu'il
faut lire le moins. Il a appris au Public ,
l'art d'aimer , & celui de fe faire aimer.
Il a réduit en fyftême cette fcience per-
nicieufe , dont la nature ne donne que
trop de leçons , & qui n'a pour but que
le deshonneur des familles , & celui des
pauvres maris. Son plus bel ouvrage eft
celui de fes Métamorphofes : il prédit
que cet ouvrage refifteroit au fer & au
feu , à la foudre & aux injures du temps ;
cette prédiction n'a pas été démentie

jufques ici. Il avoit cinquante ans quand
il fut exilé : il fe plaint des incommodités de fon voyage , de l'injuftice de fes
compagnons & de fes domeftiques ; mais
déterminé à ne point fe laiffer accabler
par fes malheurs , il fe fervit de fon courage pour en triompher , & gagna fur
lui-même de vaincre fon tempérament.
Son caractére paroît dans l'adverfité : il
montre un courage invincible , un efprit
ferme , nullement abbatu , un amour
conftant pour fa femme , & une amitié
inviolable pour les perfonnes en qui il
s'étoit confié. En faifant fon apologie , il
prétend que l'efprit a eu beaucoup plus
de part à fes narrations que le cœur.

Le latin de VIRGILE , malgré fa con-
trainte , eft auffi pur que celui de Ciceron & de Céfar ; il s'énonce d'une maniere noble qui le rend admirable. Le
Commentaire du P. de la Rue eft fort
bon ; il eft précédé de la vie de ce Poëte ,
orné de Remarques bien judicieufes.
Monfieur l'Abbé des Fontaines nous en
a donné une excellente traduction. On
prétend que Virgile employa trois ans à
fes églogues , fept aux Géorgiques & onze
à douze à l'Enéïde ; il dictoit la matinée

plusieurs Vers , & il s'occupoit le reste du jour à les corriger ; c'est-à-dire , à les réduire à un petit nombre : il se comparoît à une Ourse , qui donne la forme à ses petits à force de les lécher ; il souhaita ardemment que son Enéïde fût brûlée , parce qu'il n'avoit pu y mettre la derniere main. Que de belles choses ne contient-elle pas ! Monsieur Segrais l'a traduite en Vers François , & Scarron l'a travestie en Vers burlesques.

HORACE est le désespoir de ceux qui tâchent de l'imiter dans ses Vers lyriques : ses Satyres & ses Epitres sont d'une fort belle latinité , & il n'en faut pas moins estimer les Vers , quoiqu'ils semblent un peu languissans. La meilleure traduction est celle du P. Jouvenci. Il faut que notre cher Emile étudie les Poëtes pour les entendre. Il faut que son Maître lui fasse remarquer les belles maximes , les grands sentimens , les pensées ingénieuses qui s'y trouvent.

CLAUDIEN a aussi son mérite , & passe pour celui de tous les Poëtes latins , qui a approché de plus près de Virgile.

LUCAIN est plein de grandes choses , & il les dit d'une maniere encore plus grande, mais il affecte trop l'éclat & la pompe.

M. Brebeuf l'a traduit en Vers. Jamais Poëme n'a été plus loué, ni plus blâmé que cette Verſion. On a prétendu qu'il avoit gâté le goût à bien des jeunes gens ; c'eſt le ſentiment du P. Rapin ; Deſpreaux ne lui a pas été plus favorable.

On prétend que Brebeuf dans ſa jeuneſſe n'avoit d'inclination que pour Horace, & que Gautier qui eſt mort Lieunant-Général de Clermont en Beauvoiſis, avec la réputation de bel eſprit, n'avoit au contraire d'attachement que pour Lucain, & le préféroit à tous les Poëtes. Cette préférence cauſoit ſouvent des diſputes entr'eux, mais à la fin fâtigués de toujours diſputer & de ne rien terminer, ils convinrent que chacun d'eux liroit le Poëte de ſon compagnon, & l'examineroit avec équité. La choſe fut faite comme elle avoit été réſolue, & il arriva que Gautier ayant lu Horace, en fut ſi charmé qu'il ne le quitta plus depuis ; & que Brebeuf ayant lu Lucain, s'y abandonna, de ſorte qu'il devint auſſi Lucain que Lucain même.

Brebeuf avoit l'imagination vive, &

le génie élevé ; il étoit Gentilhomme. M.
Corneille difoit qu'il auroit donné volontiers deux de fes meilleures pieces , pour
ces quatre Vers fur l'écriture , tirés de la
Pharfale de Brebeuf.

C'eft de-là que nous vient cet art ingénieux
De peindre la parole , & de parler aux yeux,
Et par des traits divers , des figures tracées ,
Donner de la couleur & du corps aux penfées.

On eftime les Entretiens Solitaires de
Brebeuf ; fon Lucain travefti eft une
Satyre ingénieufe , enjouée , galante &
modefte.

*Epigrammatum delectus ex omnibus
tùm veteribus tùm recentioribus Poëtis ac-
curatè decertus.* M. Nicole eft Auteur de
cet excellent Livre , imprimé chez Sa-
vreun : il y a encore une meilleure Edition de Londres , qui eft très-rare.

DES POETES FRANÇOIS.

Après que le Maître lui aura fait lire
les Poëtes latins , il doit lui infpirer le
goût de la lecture : rien n'eft plus néceffaire ni plus utile ; la lecture nourrit l'efprit & l'amufe : s'il néglige le commerce

des morts, Il ne fera jamais agréable aux vivants.

Quelqu'un a dit que l'homme fage doit employer la premiere partie de fa vie à commercer avec les morts ; la feconde avec les vivants & la derniere à s'entretenir avec foi-même.

Je n'ai garde de lui déterminer le choix des Livres ; il eft pourtant des Livres qui méritent une approbation générale. Je l'exhorte à éviter certaines petites pieces frivoles, qui ne font propres qu'à gâter l'efprit & à corrompre le cœur : ce font fouvent des productions de Poëtes libertins, dont le genre manque d'élevation & de folidité.

Il eft néceffaire qu'il ait une connoiffance au moins générale des regles de la Verfification, pour fentir la beauté des Vers, & accoutumer les oreilles au nombre & à la cadence de la Poëfie. Le Maître le mettra en état de ne pas prendre un Sonnet pour un Rondeau, ni une Ode pour une Epigramme : qu'il lui faffe obferver les Sentences morales dont les écrits des Poëtes font femés, & qui font aifées à retenir ; qu'il l'accoutume à en extraire les plus beaux endroits, à en faire des Recueils.

Il trouvera des regles de la Poëſie dans les Grammaires de Reſtaut & du Pere Buffier , ainſi que dans la Méthode pour apprendre la Langue latine , par Lancelot , dans le P. Mourgues , derniere édition , corrigée par le P. Brumoi. Qu'il liſe attentivement la Poëtique d'Ariſtote , contenant les regles les plus exactes pour juger du Poëme Héroïque & des Pieces de Théâtre : M. Dacier en a donné une traduction qu'on regarde comme ſon chef-d'œuvre ; les Réflexions du P. Rapin ; la Lettre de M. de Fenelon : elle ſe trouve à la ſuite de ſes dialogues ſur l'Eloquence. Il lira Telemaque : on peut placer ce Livre au rang des Poëſies ; il n'y manque que le nombre & la rime pour en faire un Poëme Epique.

Pour les Poëtes François ; Boileau , Racine , Corneille , le P. du Cerceau , Malherbe , Racan , Fontenelle , Rouſſeau , Voltaire , &c. ont fait l'admiration du Public ; voilà des grands modéles qu'il faut ſuivre. Qu'il conſulte le neuvieme tome du Jugement des Sçavants ; qu'il liſe la Poëtique Françoiſe de M. de Marmontel. 1763.

Il commencera la lecture des Poëtes

par Boileau, après quoi on lui fera lire plufieurs morceaux de la Bibliotheque Poëtique : c'eft un recueil exact & judicieux, 4. vol. *in-4°*. à Paris, chez Briaffon ; il fera l'analyfe de quelques Pieces, & on lui fera déclamer les plus beaux morceaux.

DES RECUEILS.

La mémoire de l'homme ayant une capacité bornée, il faut néceffairement faire des Recueils ; il y a plufieurs manieres de les faire, mais il n'eft pas aifé de déterminer celle qui eft la plus commode. Voici celle que j'ai fuivi. *Trahit fua quemque voluptas.*

Analyfe des Œuvres de Defpreaux.

SATYRE PRÉMIERE.

Pour chanter un Augufte, il faut être un Virgile.

La Satyre.

Des fottifes du temps je compofe mon fiel.

Noble fierté.

Je ne fçais ni tromper, ni feindre, ni mentir,
Et quand je le pourrois, je n'y puis confentir ;

Je ne sçai point en lâche essuyer les outrages
D'un faquin orgueilleux qui vous tient à ses
     gages.
Je suis rustique & fier.

Injustices du Palais.

                      Pays barbare !
Où l'on voit tous les jours l'innocence aux
     abois
Errer dans les détours d'un Dédale des Loix,
Et dans l'amas confus des chicanes enormes,
Ce qui fut blanc au fond, rendu noir par les
     formes.

Détestation d'un dessein.

Avant qu'un tel projet m'entre dans la pensée,
On pourra voir la Seine à la St. Jean glacée,
Arnauld à Charenton devenir Huguenot,
Saint-Sorlin Janseniste, & Saint-Pavin dévôt.

L'impie.

Il fait l'homme intrépide, & tremblant de
     foiblesse,
Attend pour croire en Dieu, que la fievre le
     presse;
Et toujours dans l'orage au Ciel levant les
     mains,
Dès que l'air est calmé, rit des foibles humains.

Fortune des mechans Livres.

Mais ils trouvent pourtant, quoiqu'on en
     puisse dire,
Un Marchand pour les vendre, & des Sots
     pour les lire.

Sot Ecrivain.

Un sot en écrivant, fait tout avec plaisir,
Il n'a point en ses vers l'embarras de choisir ;
Et toujours amoureux de ce qu'il vient d'écrire,
Ravi d'étonnement, en soi-même il s'admire.

Ecrivain sage.

Mais un esprit sublime en vain veut s'élever
A ce degré parfait qu'il tâche de trouver,
Et toujours mécontent de ce qu'il vient de faire,
Il plaît à tout le monde, & ne sçauroit se plaire.

SATYRE TROISIEME.

Ecornifleur.

Surtout certain hableur, à la gueule affamée,
Qui vient à ce festin, conduit par la fumée.

Mal-propreté.

On a porté par-tout des verres à la ronde,
Où les doigts des Laquais dans la crasse tracés,
Témoignoient par écrit qu'on les avoit rincés.

Le Sçavant Orgueilleux.

Un Pédant enyvré de sa vaine science,
Tout hérissé du Grec, tout bouffi d'arrogance,
Et qui de mille Auteurs retenus mot à mot,
Dans sa tête entassés, n'a souvent fait qu'un sot;
Croit qu'un Livre fait tout, & que sans Aristote
La raison ne voit goûte & le bon sens radotte.

Galant.

Un galant de qui tout le métier
Eſt de courir le jour de quartier en quartier,
Et d'aller à l'abri d'une perruque blonde,
De ſes froides douceurs fâtiguer tout le monde.

Bigot.

Un bigot orgueilleux, qui de ſa vanité
Croit duper juſqu'à Dieu, par ſon zéle affecté
Couvrant tous ſes défauts d'une ſainte appa-
     rence,
Damne tous les humains de ſa pleine puiſſance.

Libertin.

Qui ſans ame & ſans foi
Se fait de ſon plaiſir une ſuprême loi,
Tient que ces vieux propos des Démons & des
     flâmes
Sont bons pour étonner des enfants & des
     femmes ;
Que c'eſt s'embarraſſer de ſoucis ſuperflus,
Et qu'enfin tout dévot a le cerveau perclus.

Folie des hommes.

Tous les hommes ſont foux, & malgré tous
     leurs ſoins,
Ne different entre eux que du plus ou du moins.

Vers pompeux & ſans force.

Vers ſans force & ſans grace,

Montés fur deux grands mots comme fur deux
    échaffes.

La Raifon.   *Bonheur des Foux.*

Souvent de tous nos maux la raifon eft le pire,
C'eft elle, difent-ils, qui nous montre à bien
    vivre.
Ces difcours, il eft vrai, font fort beaux dans
    un Livre,
Je les eftime fort, & je trouve en effet,
Que le plus fou fouvent eft le plus fatisfait.

SATYRE CINQUIEME.

Effet de ce monde.

    Une vaine folie enyvrant la raifon,
L'honneur trifte & honteux ne fut plus de
    faifon.

Dureté des Débiteurs.

Et bravant des Sergents la timide cohorte,
Laiffe le créancier fe morfondre à fa porte.

Pauvreté méprifée.   *L'opulence eftimée.*

    Si l'éclat de l'or ne releve le fang,
En vain l'on fait briller la fplendeur de fon rang;
L'amour de vos ayeux paffe en vous pour ma-
    nie,
Et chacun pour patron vous fuit & vous renie.
Mais quand un homme eft riche, il vaut tou-
    jours fon prix,

Et l'eut-on vu porter la mandille à Paris ;
N'eut-il de son vrai nom, ni titre ni mémoire;
D'Hosier lui trouvera cent ayeux dans l'histoire.

SATYRE SIXIEME.

Dangers de Paris.

Le bois le plus funeste & le moins fréquenté
Est au prix de Paris un lieu de sureté :
Malheur donc à celui qu'une affaire imprévue
Engage un peu trop tard au détour d'une rue.

SATYRE SEPTIEME.

Médisance.

C'est un méchant métier que celui de médire ,
A l'Auteur qui l'embrasse il est toujours fatal ,
Le mal qu'on dit d'autrui ne produit que du
    mal.

La Critique.

Et si-tôt qu'une fois la verve me domine ,
Tout ce qui s'offre à moi passe par l'étamine ;
Le mérite pourtant m'est toujours précieux ,
Mais tout fat me déplaît & me blesse les yeux ,
Je le poursuis par-tout comme un chien fait sa
    proye ,
Et ne le sens jamais qu'aussitôt je n'aboye.

SATYRE HUITIEME.

Sagesse.

Qu'est-ce que la Sagesse ? Une égalité d'ame
Que rien ne peut troubler, qu'aucun desir n'en-
    flâme ,

Qui

Qui marche en ſes conſeils à pas plus meſurés,
Qu'un Doyen au Palais ne monte les degrés.

Inconſtance de l'homme.

Mais l'homme ſans arrêt dans ſa courſe inſen-
    ſée,
Voltige inceſſamment de penſée en penſée.
Son cœur toujours flottant entre mille embarras,
Ne ſçait ni ce qu'il veut, ni ce qu'il ne veut pas.
Ce qu'un jour il abhorre, en l'autre il le ſouhaite.
Voilà l'homme en effet. Il va du blanc au noir.
Il condamne au matin ſes ſentiments du ſoir.
Importun à tout autre, à ſoi-même incommode.
Il tourne au moindre vent, il tombe au moindre
    choc,
Aujourd'hui dans un caſque, & demain dans
    un froc.

Avarice.

Mais j'ai des biens en foule, & je puis m'en
    paſſer,
On n'en peut trop avoir, & pour en amaſſer,
Il ne faut épargner ni crime ni parjure,
Il faut ſouffrir la faim & coucher ſur la dure,
Parmi les tas de blé, vivre de ſeigle & d'orge,
De peur de perdre un liard, ſouffrir qu'on nous
    égorge.
Et pourquoi cette épargne enfin ? L'ignores-tu ?
Afin qu'un héritier bien nourri, bien vêtu,
Profitant d'un tréſor en tes mains inutile,
De ſon train, quelque jour, embarraſſe la ville.

Ambition.

Bientôt l'ambition, & toute ſon eſcorte,

Tome I.   C

Dans le sein du repos vient le prendre à main
    forte,
L'envoye en furieux au milieu des hasards,
Se faire estropier sur les pas des Césars,
Et cherchant sur la bréche une mort indiscrete,
De sa folle valeur embellir la gazette.

Science du monde.

        Dans le siecle où nous sommes
Est-ce au pied du sçavoir qu'on mesure les
    hommes ?
Veux-tu voir tous les Grands à ta porte courir ?
Dit un pere à son fils, dont le poil va fleurir ?
Prends-moi le bon parti. Laisse-là tous les Livres,
Cent francs au denier cinq, combien font-ils ?
    vingt livres.
C'est bien dit. Va, tu sçais tout ce qu'il faut
    sçavoir.
Que de biens, que d'honneurs sur toi s'en vont
    pleuvoir !

. . . .

    Quiconque est riche est tout. Sans sagesse il
    est sage ;
Il a, sans rien sçavoir, la science en partage.
Il a l'esprit, le cœur, le mérite, le rang,
La vertu, la valeur, la dignité, le sang.
Il est aimé des Grands, il est chéri des belles ;
Jamais Sur-Intendant ne trouva de cruelles :
L'or même à la laideur donne un teint de
    beauté ;
Mais tout devient affreux avec la pauvreté.

Idolâtrie.

Jamais l'homme, dis-moi, vit-il la bête fole,

Sacrifier à l'homme , adorer fon idole ,
Lui venir, comme aux Dieux des faifons & des
    vents ,
Demander à genoux la pluye ou le beau temps ?
Non. Mais cent fois la bête a vu l'homme
    hypocondre ,
Adorer le métail que lui-même il fit fondre.

SATYRE NEUVIEME.

Condition d'un Livre qu'on donne au public.

Dès que l'impreffion fait éclore un Poëte ,
Il eft efclave né de quiconque l'achéte ;
Il fe foumet lui-même aux caprices d'autrui ,
Et fes écrits tous feuls doivent parler pour lui.
Un Auteur à genoux , dans une humble Préface ,
Au Lecteur qu'il ennuye , a beau demander
    grace ,
Il ne gagnera rien fur ce Juge irrité ,
Qui lui fait fon procès de pleine autorité.

Dangers de la Satyre.

La Satyre , dit-on , eft un métier funefte ,
Qui plaît à quelques gens , & choque tout le
    refte :
La fuite en eft à craindre , en ce hardi métier ,
La peur plus d'une fois fit repentir Régnier.

SATYRE DIXIEME.

Vigilance fur foi-même.

Dans le crime il fuffit qu'une fois on débute ,

Une chute toujours attire une autre chute.
L'honneur est comme une Isle escarpée & sans
bords.
On n'y peut plus rentrer dès qu'on en est dehors.

SATYRE ONZIEME.

Le Monde, à mon avis, est comme un grand
Théâtre.
Où chacun en public, l'un par l'autre abusé
Souvent à ce qu'il est, joue un rôle opposé.

Pour paroître honnête homme, en un mot, il
faut l'être ;
Et jamais, quoiqu'il fasse, un mortel ici-bas
Ne peut aux yeux du monde être ce qu'il n'est
pas.

L'Evangile au Chrétien ne dit en aucun lieu,
Sois dévot : Elle dit, sois doux, simple, équi-
table.
Car d'un dévot souvent au Chrétien véritable
La distance est deux fois plus longue, à mon
avis,
Que du Pole Antarctique au détroit de Davis.

Concluons qu'ici bas le seul honneur solide,
C'est de prendre toujours la vérité pour guide,
De regarder en tout la raison & la loi,
D'être doux pour tout autre, & rigoureux
pour soi.

EPITRE PREMIERE.

Opposer la prudence à l'ambition.

Mais à l'ambition d'opposer la prudence,
C'est aux Prélats de Cour prêcher la résidence.

Louange de Titus.

Tel fut cet Empereur, fous qui Rome adorée,
Vit renaître les jours de Saturne & de Rhée,
Qui rendit de fon joug l'Univers amoureux,
Qu'on n'alla jamais voir fans revenir heureux,
Qui foupiroit le foir, fi fa main fortunée
N'avoit par fes bienfaits fignalé la journée.

EPITRE SECONDE.

Eviter les Procès.

Abbé, n'entreprends point même un jufte procès,
N'imite point ces fous dont la fotte avarice
Va de fes revenus engraiffer la Juftice,
Qui toujours affignants, & toujours affignés,
Souvent demeurent gueux de vingt procès
   gagnés.

Retiens bien la leçon que je te vais rimer.
 Un jour, dit un Auteur, n'importe en quel
   Chapitre,
Deux voyageurs à jeûn rencontrerent une
   huître ;
Tous deux la conteftoient, lorfque dans leur
   chemin
La Juftice paffa, la balance à la main.
Devant elle à grand bruit ils expliquent la chofe,
Tous deux avec dépens veulent gagner leur
   caufe.
La Juftice pefant ce droit litigieux,
Demande l'huître, l'ouvre & l'avale à leurs
   yeux,

Et par ce bel Arrêt terminant la bataille :
Tenez , voilà , dit-elle à chacun , une écaille ;
Des sottises d'autrui nous vivons au Palais :
Messieurs , l'huître étoit bonne. Adieu. Vivez
en paix.

EPITRE TROISIEME.

Disposition à la mort.

Prévenons sagement un si juste malheur ,
Le jour fatal est proche, & vient comme un
voleur.
Avant qu'à nos erreurs le Ciel nous abandonne ,
Profitons de l'instant que de grace il nous donne.
Hâtons-nous , le temps fuit & nous traîne avec
soi.
Le moment où je parle est déjà loin de moi.

EPITRE QUATRIEME.

AU ROI.

Condé , dont le seul nom fait tomber les murailles ,
Force les escadrons , & gagne les batailles.

EPITRE CINQUIEME.

J'aime mieux mon repos qu'un embarras illustre.
Ainsi donc Philosophe à la raison soumis ,
Mes défauts désormais sont mes seuls ennemis.
C'est l'erreur que je fuis : c'est la vertu que
j'aime :
Je songe à me connoître & me cherche en moi-
même.

EPITRE SIXIEME.

Qu'heureux eſt le mortel, qui du monde ignoré,
Vit content de ſoi-même en un coin retiré ;
Que l'amour de ce rien qu'on nomme Renommée
N'a jamais enyvré d'une vaine fumée ,
Qui de ſa liberté forme tout ſon plaiſir ,
Et ne rend qu'à lui ſeul compte de ſon loiſir :
Il n'a point à ſouffrir d'affronts ni d'injuſtices ,
Et du Peuple inconſtant il brave les caprices.

EPITRE SEPTIEME.

Utilité de l'Envie.

Je ſçais ſur leurs avis corriger mes erreurs ,
Et je mets à profit leurs malignes fureurs.
Si-tôt que ſur un vice ils penſent me confondre ,
C'eſt en m'en guériſſant que je ſçai leur répondre ,
Et plus en criminel ils penſent m'ériger ,
Plus croiſſant en vertu , je ſonge à me venger.

EPITRE NEUVIEME.

Rien n'eſt beau que le vrai. Le vrai ſeul eſt
  aimable.
Il doit regner par-tout & même dans la fable.

L'ignorance vaut mieux qu'un ſçavoir affecté ,
Rien n'eſt ſi beau , je reviens , que par la vérité.

Jadis l'homme vivoit au travail occupé ,
Et ne trompant jamais , n'étoit jamais trompé.
On ne connoiſſoit point la ruſe & l'impoſture ,
Le Normand même alors ignoroit le parjure :
C iiij

Aucun Rhéteur encore arrangeant le difcours,
N'avoit d'un art menteur enfeigné les détours ;
Mais fi-tôt qu'aux humains faciles à féduire,
L'abondance eut donné le loifir de fe nuire,
La moleffe amena la fauffe vanité.
Chacun chercha pour plaire un vifage emprunté.

EPITRE ONZIEME.

A fon Jardinier.

O ! que de mon efprit trifte & mal ordonné,
Ainfi que de ce champ par toi fi bien orné,
Ne puis-je faire ôter les ronces, les épines,
Et des défauts fans nombre arracher les racines !

Mais, je ne trouve point de fatigue fi rude,
Que l'ennuyeux loifir d'un mortel fans étude,
Qui jamais ne fortant de fa ftupidité,
Soutient dans les langueurs de fon oifiveté,
D'une lâche indolence efclave volontaire,
Le penible fardeau de n'avoir rien à faire.

Tous les honteux plaifirs enfants de la moleffe
Ufurpant fur fon ame un abfolu pouvoir,
De monftrueux defirs le viennent émouvoir ;
Irritent de fes fens la fureur endormie,
Et le font le jouet de leur trifte infamie ;
Puis fur leurs pas foudain arrivent les remords,
Et bientôt avec eux tous les fléaux du corps ;
La pierre, la colique & les gouttes cruelles.

L'ART POETIQUE.

PRÉCEPTES.

1. Pour faire des Vers il faut être né Poëte.
2. Quelque fujet qu'on traite, le bon fens

doit s'accorder avec la rime.

3. Il faut éviter le style extraordinaire , &
s'attacher au naturel.

4. Il faut fuir l'abondance stérile & les détails
inutiles.

5. Sans cesse en écrivant, variez vos discours,
un style trop égal & uniforme endort.

6. Il faut passer du plaisant au severe , du
grave au doux.

7. Il faut éviter le style bas, trivial, bouffon,
plat, burlesque & des halles.

8. Soyez simple avec art, sublime sans orgueil,
agréable sans fard.

9. Que toujours dans les vers le sens coupant
les mots ,

Suspende l'hemistiche, en marque le repos.

10. Pour ne pas blesser l'oreille , choisissez des
mots harmonieux , & fuyez le concours
odieux des mauvais sens.

11. Les Stances doivent tomber avec grace , &
les vers sur les vers ne doivent pas en-
jamber , pour éviter les licences des
premiers Poëtes François , qui faisoient
des vers où la rime des mots assemblés
sans mesure, tenoient lieu d'ornements ,
de nombre & de césure.

12. Avant que d'écrire apprenez à penser.

13. Evitez les termes impropres & les tours
vitieux.

14. Travaillez à loisir , quelque ordre qui vous
presse ,

Et ne vous piquez point d'une folle vîtesse.

Hâtez - vous lentemeut , & sans perdre
courage ,

Vingt fois sur le métier remettez votre
    ouvrage ,
. Poliffez-le fans ceffe , & le repoliffez ,
  Ajoutez quelquefois & fouvent effacez.
15. Il faut que chaque chofe y foit mife en fon
    lieu ,
  Que le début, la fin, répondent au milieu.
16. Faites-vous des amis prompts à vous cen-
    furer ,

  Mais fçachez de l'ami difcerner le flâteur ;
  Tel vous femble applaudir, qui vous raille
    & vous joue :
  Aimez qu'on vous confeille & non pas
    qu'on vous loue.
17. Il faut être docile fur les avis qu'on donne.

CHANT DEUXIEME.

Idylle ou *Eglogue.*

Aimable en fon air , mais humble dans fon ftyle ,
Doit éclater fans pompe une élégante Idylle.

Il faut éviter deux excès , la trop
grande élevation & la baffeffe : pour
trouver cette route , fuivez Théocrite &
Virgile. Ils apprendront par quel art,
fans baffeffe , un Auteur peut chanter
Flore , les champs , Pomone & les ver-
gers. L'Idylle demande beaucoup d'élégance & de naïveté. L'Eglogue forme
un Dialogue entre des Bergers , & une

peinture fimple de leurs occupations ;
l'Idylle au contraire, compare le trouble
& les travaux de notre vie, avec la tranquillité de celle des Bergers, & la tyrannie de nos paffions avec la fimplicité de
leurs mœurs.

Après l'Ode, la Poéfie paftorale eft la
plus ancinnne : les premiers hommes,
après avoir célébré les louanges du Créateur, n'eurent rien de plus à cœur, que
de chanter l'innocence & les plaifirs de
la vie tranquille qu'ils menoient alors.
M. l'Abbé du Bos, dans fes Réflexions
critiques fur la Poëfie & fur la Peinture,
tom. 1. fec. 22. pag. 173. & fuiv., prétend que nos Poëtes n'ont point réuffi,
que nos Payfans font fi groffiers, qu'on
ne fçauroit prendre après eux les perfon-
nages des Eglogues, à moins qu'on n'y
parle d'Aftronomie, ou qu'on n'y intro-
duife un jeune Prince, qui s'égare à la
chaffe ; & qui feul, ou bien avec un
confident, parle de fa paffion, & qui
emprunte fes images & fes comparaifons
des beautés ruftiques. Et en effet, nos
Eglogues ne font pas affez naturelles &
affez fimples ; la plûpart de nos Bergers
font trop fpirituels & trop damerets.

Racan & Segrais font parmi nous les Princes de la Poëfie paftorale : tous deux formés par la nature pour en exprimer la tendreffe, en prenant différens chemins y ont également réuffi. Tous deux font devenus des modéles qu'aucun jufqu'ici n'a pu égaler. Quelle aifance ! Quelle douceur ! Que de graces ! Quelle délicateffe dans ces deux Poëtes !

Segrais nous apprend, dans la Préface de fes Eglogues, que fi la plûpart des penfées qui les compofent, font plus amoureufes que champêtres, on doit s'en prendre au goût de fon fiecle qui s'y portoit. Il nous donne le caractere de l'Eglogue. Que notre cher Emile life les deux Idylles de Madame Deshoulieres, intitulées : *Le Ruiffeau* & *Les Moutons.*

ELEGIE.

Il faut imiter Tibulle & Ovide.

La plaintive Elegie, en longs habits de deuil,
Sçait, les cheveux épars, gémir fur un cercueil;
Elle peint des Amants la joye & la trifteffe,
Flatte, menace, irrite, appaife une maîtreffe.
Mais pour bien exprimer ces caprices heureux,
C'eft peu d'être Poëte, il faut être amoureux.

Les Poëtes Latins qui y ont le mieux réuffi, font, Ovide, Tibulle & Properce. A l'égard des Grecs, il ne nous refte d'eux prefque rien en ce genre. Ils ont pourtant connu les Vers Elégiaques : la véritable regle pour y réuffir, c'eft de laiffer parler le cœur. Ovide avoit une grande facilité à faire des Vers.

Quidquid tentabam dicere, verfus erat.

Il écrivit pendant fon exil fes Elégies fi tendres, où la douleur eft peinte avec des couleurs fi vives, qu'il eft impoffible en les lifant de ne pas s'affliger avec lui. Ovide faifoit de Tibulle une eftime très-particuliere, & il a compofé fur fa mort une Elégie qui peut paffer pour un des plus beaux morceaux de fes ouvrages. Les Poëfies de Tibulle font fi tendres, qu'il femble partout foupirer. On met les Elégies de Properce au-deffus de celles de Tibulle : il avoit l'efprit noble & élevé, & auroit pu faire quelque chofe de mieux que des Elégies.

Nos Poëtes François n'ont pas réuffi. Prefque toutes leurs Elégies ennuient & dégoûtent ; à peine dans le grand nombre s'en trouve-t'il deux ou trois qui foient fupportables. La feule qui foit vraiment eftimable, eft celle qu'a fait la Fontaine, fur la difgrace de M. Fouquet. Nos François n'aiment point à pleurer : on voit fouvent chez lui les ris mêlés avec les larmes : il ne traite même la tendreffe que comme un badinage & un amufement. Si nos Elégies font moins belles que celles des Latins, elles ont du moins l'avantage d'être plus chaftes.

L'ODE doit avoir de l'élevation, de l'énergie & de l'élevement : Ode fignifie Chanfon ; toutes les Odes fe chantoient fur la lyre. On peut regarder l'Ode comme un petit Poëme Epique.

Son ftyle impétueux fouvent marche au hafard,
Chez elle un beau défordre eft un effet de l'art.

Pindare & Anacréon ont réuffi dans les Odes, mais de tous les Poëtes Lyriques, Horace eft prefque le feul qui mérite d'être lu ; enjoué dans fa Morale, il inftruit fouvent fans paroître y penfer : fes Sentences font fréquentes, mais placées à propos.

SONNET.

Un Sonnet fans défauts vaut feul un long Poëme,
Mais en vain mille Auteurs y penfent arriver,
Et cet heureux Phénix eft encore à trouver.

Le Sonnet demande beaucoup d'exactitude & de délicateffe : il doit être compofé de quatorze vers , dont les huit premiers ne font proprement que deux quatrains femblables & fur les mêmes rimes , & les fix derniers ne font qu'une ftance de fix vers qui commencent par deux rimes femblables.

Un jour , Benferade en envoyant à une Dame de qualité une paraphrafe fur le Livre de Job , l'accompagna d'un Sonnet qui fut généralement approuvé. Comme il parloit librement , il ne manquoit pas d'ennemis ; ils prétendirent que fon Sonnet n'approchoit pas de celui que Voiture avoit fait pour une Dame , fous le nom d'Uranie. On appella Jobelins ceux qui fe déclaroient pour Benferade , & les autres Uranins. Le Prince de Conti étoit à la tête des Jobelins , & la Ducheffe de Longueville à celle des Uranins.

EPIGRAMME.

L'Epigramme plus libre, en son tour plus borné
N'est souvent qu'un bon mot de deux rimes
orné.

Elle ne doit pas entrer dans les discours sérieux : elle doit rouler sur la pensée & non sur les mots ; du moins faut-il éviter l'excès. On nous en a donné un Recueil en 1724. 2. vol. Sur la fin du second volume, on y trouve des regles pour la Poësie Françoise.

Les regles du P. Mourgues sont préférables.

Les plus célébres Poëtes Latins qui se sont appliqués à l'Epigramme, sont Catulle & Martial. Il y a peu de choses dans Catulle qu'un honnête homme puisse lire sans rougir. Martial est souvent rude & grossier : il nous a donné un ample Recueil de ses Epigrammes, dont il a fait lui-même la critique.

Sunt bona, sunt quædam mediocria, sunt mala plura quæ legis hîc, aliter non fit, avite liber. Ep. lib. 17.

Il n'est pas croyable quel nombre prodigieux nos François ont fait d'Epigra-

mes. On y trouve tout ce que le fentiment a de plus grand, de plus noble, de
plus fublime, de plus naïf, de plus délicat & de plus fpirituel : on pourroit en
faire des collections, qui furpafferoient
tout ce que les Grecs & les Latins ont
écrit.

RONDEAU.

Tout Poëme eft brillant de fa propre beauté,
Le Rondeau né Gaulois, a la naïveté.

C'eft une efpece de Poëfie compofée
de treize vers, dont huit doivent courir
fur une même rime, & cinq fur une autre. Il eft divifé en trois couplets inégaux;
le premier & le dernier de cinq vers,
le fecond de trois, & à la fin du fecond
& du troifieme couplet, les premiers
mots du Rondeau doivent fe répéter en
un fens ingénieux & fpirituel. Le caractere du Rondeau eft la naïveté : il eft
très-méchant dès qu'il n'eft pas fort beau.
Marot & Voiture s'y font fort exercés.
On en trouve auffi quelques-uns dans
Rouffeau. En voici un de Madame Def-
houlieres, qui par fon tour & fa délicateffe, mérita de fon temps l'approbation
des connoiffeurs.

Contre l'amour voulez-vous vous défendre ?
Empêchez-vous de voir & d'entendre
Gens dont le cœur s'explique avec esprit.
Il en est peu de ce genre maudit,
Mais trop encor pour mettre un cœur en cendre.

Quand une fois il leur plaît de nous rendre
D'amoureux soins, qu'ils prennent un air ten-
     dre,
On lit en vain tout ce qu'Ovide écrit
     Contre l'amour.

De la raison il ne faut rien attendre,
Trop de malheurs n'ont sçu que trop appren-
     dre,
Qu'elle n'est rien dès que le cœur agit.
La seule fuite, Iris, nous garantit ;
C'est le parti le plus utile à prendre
     Contre l'amour.

BALADE.

La Balade asservie à ses vieilles maximes,
Souvent doit tout son lustre au caprice des
    rimes.

On en trouve plusieurs dans Marot,
entr'autres, celle du Frere Lubin, qui
n'a peut-être pas sa pareille pour la déli-
catesse de la naïveté. La Balade, le
Triolet, le Chant - Royal, le Virelai ;
tous ces Poëmes ne sont plus d'usage.

MADRIGAL.

Le Madrigal plus simple & plus noble en son
    tour,
Respire la douceur, la tendresse & l'amour.

Le Madrigal exige quelque chose de
fin, de délicat & de tendre ; la chûte
est moins vive, moins frappante que
celle de l'Epigrame.

La SATYRE s'occupe de montrer la
vérité, venge la vertu & condamne le
vice. Despreaux né avec un talent supé-
rieur, porta par son génie la Satyre au
plus haut point de perfection où elle peut
arriver. Regnier est le premier Poëte
François qui ait introduit parmi nous la
Satyre : heureux si avec des talents supé-
rieurs il n'eut pas infecté ses vers de sa-
letés qui blessent à chaque pas les oreilles chastes. Les esprits satyriques se
brouillent souvent avec les particuliers.

SATYRE NEUVIEME.

Tel mot pour avoir réjoui le Lecteur,
A coûté bien souvent des larmes à l'Auteur.

Les Poëtes Grecs se sont exercés dans
cette sorte de Poësie. Ce fut dans sa

Comédie des Nuées qu'Aristophane tour-
na en ridicule Socrate.

Horace, Perse & Juvénal se sont distingués dans ce genre d'écrire : les Satyres d'Horace font une censure continuelle
du vice, mais badine & enjouée, bien
éloignée du fiel amer que Juvénal a ré-
pandu dans les siennes.

Perse est obscur & difficile à entendre.

VAUDEVILLE.

D'un trait de la Satyre en bons mots si fertile,
Le François né malin, forma le Vaudeville,
Agréable, indiscret, qui conduit par le chant,
Passe de bouche en bouche & s'accroît en
    marchant.

*Pour s'ériger en Poëte, il ne suffit pas
d'avoir par hasard fourni un couplet.*

Souvent l'Auteur altier de quelque Chanson-
    nette,
Au même instant prend droit de se croire Poëte,
Il ne dormira plus qu'il n'ait fait un Sonnet,
Il met tous les matins six impromptus au net.

TROISIEME CHANT.

TRAGEDIE.

Voulez-vous sur la Scene étaler des ouvrages
Où tout Paris en foule apporte ses suffrages,

1. Le secret eft d'abord de plaire & de toucher,
  Inventez des reflorts qui puiffent m'attacher ;
2. Que dès les premiers vers l'action préparée
  Sans peine du fujet applaniffe l'entrée.

Le fujet n'eft jamais trop expliqué.

Le Prologue , que nous appellons premier Acte , doit contenir toutes les femences de ce qui doit arriver dans la fuite de la Piece.

3. Qu'en un lieu , qu'en un jour , un feul fait accompli ,
  Tienne jufqu'à la fin le Théâtre rempli.
4. Jamais au Spectateur n'offrez rien d'incroyable ,
  Le vrai peut quelquefois n'être pas vraifemblable :
5. Que le trouble toujours croiffant de Scene en Scene ,
  A fon comble arrivé fe débrouille lui-même.
6. Confervez à chacun fon propre caractére ,
  Des fiecles , des pays étudiez les mœurs ,
  Les climats font fouvent les diverfes humeurs.

La Scene demande une exacte raifon.

7. L'étroite bienféance y doit être gardée ,
  D'un nouveau perfonnage inventez - vous l'idée :
8. Qu'en tout avec foi-même il fe montre d'accord ,

Et qu'il soit jusqu'au bout tel qu'on l'a vû
d'abord.

Chaque passion parle un différent
langage.

9. La colere est superbe & veut des mots altiers,
L'abattement s'explique en des termes
moins fiers ;
Il faut dans la douleur que vous vous abais-
siez ,
Pour me tirer des pleurs , il faut que vous
pleuriez.

10. Il faut qu'en cent façons un Auteur se
replie ,
Que tantôt il s'éleve & tantôt s'humilie :
Qu'en nobles sentiments il soit par-tout
fécond ;
Qu'il soit aisé , solide , agréable , profond.

Le POÉME EPIQUE est le chef-
d'œuvre de l'esprit humain : c'est l'ouvrage le plus difficile que la Poësie puisse
entreprendre.

Dans le vaste récit d'une longue action ,
Se soutient par la Fable , & vit de fiction ;
Chaque vertu devient une Divinité ,
Minerve est la prudence & Venus la beauté.
Sans tous ces ornements , le vers tombe en lan-
gueur ,
La Poësie est morte ou rampe sans vigueur ;
Le Poëte n'est plus qu'un Orateur timide,
Qu'un froid Historien d'une Fable insipide.

Ce Poëme, qu'on appelle aussi Epopée, ou Poëme - Héroïque, est une narration de quelque action, ou trait d'un Héros mémorable, où la fiction mêlée avec la vérité, admet, sans sortir de la vraisemblance, un grand nombre d'incidents.

10. Voulez-vous long-temps plaire, & jamais ne lasser !
    Faites choix d'un Héros propre à m'intéresser.
11. N'offrez pas un sujet d'incidens trop chargé,
    Le seul couroux d'Achille avec art ménagé,
13. Remplit abondamment une Iliade entiere ;
    Souvent trop d'abondance appauvrit la matiere.

Homére chez les Grecs & Virgile chez les Latins , sont deux grands modéles qui méritent seul d'être imités. Homére a été regardé de tout temps comme le Prince des Poëtes. Son Iliade & son Odissée fourmillent des beautés qu'on ne se lasse point d'estimer. Quelle étendue de génie ! Quel feu ! Quelle imagination !

L'Enéïde de Virgile est regardée comme un Poëme inimitable.

14. Soyez vif & pressé dans vos narrations,

Soyez riche & pompeux dans vos descriptions.

15. Que le début soit simple, & rien d'affecté;

16. Des figures sans nombre égaiez votre ou-
vrage,
Que tout y fasse aux yeux une riante image.
On peut être à la fois & pompeux & plai-
sant,
Et je haïs un sublime ennuyeux & pesant.

17. Que la nature donc soit votre étude unique,
Auteurs qui prétendez aux honneurs du
Comique;

18. Ne faites point parler vos Acteurs au hasard,
Un vieillard en jeune homme, un jeune
homme en vieillard.

19. Le Comique ennemi des soupirs & des
pleurs,
N'admet point en ses vers de tragiques
douleurs,
Son emploi n'est pas d'aller sur une Place,
De mots sales & bas charmer la populace.

20. Il faut que ses Acteurs badinent noblement,
Que son nœud bien formé se dénoue aisément.

21. Que l'action marchant où la raison le guide
Ne se perde jamais dans une Scene vuide.
Que les Scenes soient toujours liées l'une
à l'autre.

CHANT QUATRIEME.

Dans l'art dangereux de rimer & d'écrire
Il n'est point de degrés du médiocre au pire,
Qui dit froid Ecrivain, dit détestable Auteur.

Description

Description de la Jeuneſſe.

Un jeune homme toujours bouillant dans ſes
    caprices
Eſt prompt à recevoir l'impreſſion des vices,
Eſt vain dans ſes diſcours, volage en ſes deſirs,
Rétif à la cenſure & fou dans les plaiſirs.

L'âge Viril.

L'âge viril plus mûr, inſpire un air plus ſage,
Se pouſſe auprès des Grands, s'intrigue, ſe
    ménage,
Contre les coups du ſort ſonge à ſe maintenir,
Et loin dans le préſent regarde l'avenir.

La Vieilleſſe.

La Vieilleſſe chagrine, inceſſamment amaſſe,
Garde, non pas pour ſoi, les tréſors qu'elle
    entaſſe;
Marche dans ſes deſſeins d'un pas lent & glacé,
Toujours plaint le préſent & vante le paſſé;
Inhabile aux plaiſirs dont la jeuneſſe abuſe,
Blâme en eux les douceurs que l'âge lui refuſe.

    Voilà, Monſieur, quelques endroits
de Boileau qui m'ont le plus frappé; je
les lui ferois apprendre par cœur; je
l'accoutumerois ainſi à faire l'extrait des
autres Poëtes : il ſeroit bon de les lui
faire déclamer. Cet exercice lui forme-
roit la voix & la prononciation, & l'ac-

coutumeroit à parler avec liberté, avec aiſance & avec dignité.

A l'égard des autres Poëtes, faites-lui lire le neuvieme & le dixieme tome du Jugement des Poëtes de M. Bailliet, imprimé chez Deſalier : il y apprendra le nom des Poëtes & le jugement qu'on a fait de leurs ouvrages. La Poëſie ouvre l'eſprit d'une maniere à nous rendre plus agréable dans la converſation : outre les deſcriptions & les comparaiſons qu'on y voit, il y a dans les expreſſions, je ne ſçai quelle hardieſſe qu'Emile n'aura qu'à imiter pour ranimer un entretien languiſſant.

La Poëſie eſt le langage des Dieux : elle n'admet que du brillant & du merveilleux ; ſon but eſt de plaire & d'amuſer en inſtruiſant.

Horace, dans ſon Art Poëtique, parle de la Poëſie en Poëte, en Philoſophe, en homme de goût & de génie. Deſpreaux applique à la Poëſie Françoiſe les préceptes d'Horace : tous les deux ſe ſont attachés à récueillir tout ce qui pourroit concerner cette matiere.

Un homme d'eſprit peut bien faire un couplet, mais il faut être Poëte pour en faire trois.

Nascuntur Poetæ, fiunt Oratores.

J'ai mis tous mes soins à faire l'analyse de l'Art Poëtique de Boileau : je serois diffus pour les gens instruits, mais j'écris pour les Commençants.

On peut réduire à huit principaux genres la Poësie, qui sont, l'Ode, l'Eglogue, la Satyre, l'Elegie, l'Epigramme, la Poësie dogmatique ou Dictatique, la Poësie Epique & la Dramatique.

L'Ode étoit l'Hymne, le Cantique & la Chanson des anciens : toutes les Odes se chantoient sur la Lyre. On peut regarder l'Ode comme un petit Poëme Epique; elle embrasse tous les genres, depuis le sublime jusqu'au familier noble : c'est le sujet qui donne le ton, & son caractére est pris dans la nature.

Te dulcis conjux, te solo in littore secum,
Te veniente die, te descendente canebat.
                              Georg. IV.

Rousseau est de tous les Poëtes celui qui a mieux pris le ton de l'Ode. Dans celle à M. du Luc, il se compare au Ministre d'Apollon possedé du Dieu qui l'inspire,

D ij

Ce n'eſt plus un mortel , c'eſt Appollon lui-
  même
    Qui parle par ma voix.

Dans l'Ode l'ame s'abandonne à l'imagination ou au ſentiment. Pindare , dit
Gravinu , pouſſe ſon vaiſſeau ſur le bord
de la mer , il déploie toutes les voiles , il
affronte la tempête & les ecueils : les flots
ſe ſoulévent & ſont prêts à l'engloutir : déjà il a diſparu à la vue du ſpeɛateur , lorſque tout à coup il s'élance du milieu des
eaux , & arrive heureuſement au rivage.

Les Odes de Pindare ſont un éloge
continuel de la vertu ; il eſt grand dans
ſes deſſeins , élevé dans ſes penſées , hardi dans ſes expreſſions. *Pindarum quiſ-
quis ſtudet æmulari.*

Quelque délicateſſe & quelque naïveté
que l'on trouve dans les Odes d'Anacréon,
un honnête homme ne ſçauroit voir ſans
indignation , qu'elles ne roulent abſolu-
ment que ſur la débauche : il faut boire,
il faut aimer : les moments qu'on n'em-
ploye pas à goûter les plaiſirs des ſens ,
ſont des moments perdus. Voilà où
aboutit tout ce qu'écrit Anacréon. Ses
vers ne contiennent que cette ſeule pen-

fée, mife en œuvre de différentes manieres. La Mothe a voulu imiter Anacréon , il a adopté des mœurs qui n'é-
toient pas les fiennes : ce n'étoit pas le
moyen d'imiter celui de tous les Poëtes
anciens qui avoit le plus du naturel.

Nous fommes redevables à Malherbe
des progrès que l'Ode a fait parmi nous.

M. l'Abbé de Chaulieu , M. de Voltaire & M. de la Fare ont très-bien réuffi
dans l'Ode; mais M. Rouffeau les a tous
furpaffés dans les Pfeaumes qu'il a para-
phrafés. Rouffeau de Genêve a imité
dans le Devin de Village , cette Ode
d'Horace , *Donec gratus eram.*

HORACE ET LYDIE.

HORACE.

Plus heureux qu'un Monarque au faîte des
      grandeurs ,
   J'ai vu mes jours dignes d'envie ,
Tranquilles,ils couloient au gré de nos ardeurs :
   Vous m'aimiez , charmante Lydie.

LYDIE.

Que mes jours étoient beaux , quand des foins
     les plus doux
   Vous payiez ma flâme fincere ;

Venus me regardoit avec des yeux jaloux,
    Chloé n'avoit pas sçu vous plaire.

HORACE.

Par son luth, par sa voix, organe des amours,
    Chloé seule me paroît belle,
Si le destin jaloux veut épargner ses jours,
    Je donnerai les miens pour elle.

LYDIE.

Le jeune Calais, plus beau que les amours
    Plaît seul à mon ame ravie,
Si le destin jaloux veut épargner ses jours,
    Je donnerai deux fois ma vie.

HORACE.

Quoi ! si mes premiers feux ranimant leur ar-
    deur,
    Etouffoient un amour fatale,
Si perdant pour jamais tous ses droits sur mon
    cœur,
    Chloé, vous laissoit sans rivale.

LYDIE.

Calais est charmant ; mais je n'aime que vous,
    Ingrat, mon cœur vous justifie,
Heureuse également en des liens si doux,
    De perdre ou de passer la vie.

L'EGLOGUE.

Après l'Ode, la Poësie Pastorale est

la plus ancienne. Après avoir célébré les ouvrages du Créateur ; les premiers hommes presque tous pasteurs, n'eurent probablement rien plus à cœur, que de chanter l'innocence & les plaisirs de la vie tranquille, qu'ils menoient alors.

Les Grecs se sont appliqués à ce genre de Poësie. Théocrite, Bion & Moscus s'y sont distingués. Théocrite, quoiqu'il nous peigne les agrémens de la vie champêtre, nous en montre souvent la grossiéreté & la misere.

Virgile est le seul Poëte Latin dont il nous reste des Eglogues ; on les lit sans se lasser : ses idées sont gracieuses & ses bergers toujours polis.

L'amour a toujours été la passion dominante de l'Eglogue, par la raison qu'elle est la plus naturelle à l'homme, & la plus familiere aux bergers.

L'Eglogue est le Tableau d'une condition digne d'envie, tous les traits qu'elle présente doivent concourir à former ce tableau. Les images grossieres ou purement rustiques doivent en être bannies : de-là vient que les Pécheurs de Sannasar sont d'une invention malheureuse : la vie des pécheurs n'offre que l'idée du travail, de l'impatience & de l'ennui. Il n'en eft pas de même de la condition des laboureurs : leur vie, quoique pénible, préfente l'image de la gaiété, de l'abondance & du plaifir. La culture des champs, l'efpérance des moiffons, la recolte des grains, les repas, la retraite, les danfes des moiffonneurs préfentent des tableaux auffi rians, que les troupeaux & les prairies.

Tout poëme fans deffein eft un mauvais poëme. La Mothe pour le deffein de l'églogue, veut qu'on choififfe d'abord une vérité digne d'intéreffer le cœur, & de fatisfaire l'efprit, & qu'on imagine enfuite une converfation des bergers, ou un événement paftoral, où cette vérité fe developpe. Dans la cinquieme églogue de Gefner on voit un jeune berger qui revenant le foir dans fa cabane, trouve fous un berceau de pampre, fon vieux pere, qui, fur un banc de gafon, dort tranquillement au clair de la lune. Le jeune homme, les bras croifés, fe tint long-temps immobile dans cette pofture. Ses yeux étoient attachés fur fon pere.... O ! toi, dit-il, que j'honore le plus après les Dieux !

Mon pere , comment tu repofes douce-ment ! que le fommeil du jufte eft fe-rain ! Tu as fans doute porté tes pas chancelans hors de la cabane , pour célébrer le foir par des faintes prie-res ! & je fuis bien fûr que tu as prié pour moi. Que je fuis heureux ! Les Dieux écoutent les vœux de mon pere ! & fans cela notre cabane feroit-elle un afyle fi fortuné , feroit-elle ombragée par des rameaux courbés , fous leurs fruits ? Quelle autre voix attire la bénédiction du Ciel fur nos troupeaux , & fur les fruits de nos champs ?..... Ah mon pere ! Ah mon meilleur ami ! je vais donc bientôt me voir privé de toi. Helas ! J'érigerai un Autel à côté de ta tombe ; & toutes les fois qu'il me luira un jour propice où j'aurai pu faire du bien à quel-que infortuné. O ! mon pere , je repan-drai du lait & des fleurs : & voilà un genre de poëfie , que M. de Fontenelle lui même eût préféré à celui de fes eglogues.

L'ELEGIE.

Nos Poëtes François n'ont point reuf-fi dans l'Elegie ; la Fontaine qui fe croioit amoureux a voulu en faire. Elles font au-deffous de lui : mais celle qu'il fit fur la difgrace de M. Fouquet, du fond de fa prifon, eft un chef-d'œuvre de poëfie, de fentiment, & d'éloquence. Les Anglois dégoutés des fadeurs de l'Elegie plaintive & amoureufe, ont confacré ce Poëme à l'éloge de l'efprit, de la valeur & des talents.

LA SATYRE.

La malice qui porte naturellement les hommes à cenfurer les autres, à railler leurs défauts, a donné origine à la Satyre. Son but principal doit être de faire aimer la vertu, en décréditant le vice. C'eft fous ce coup d'œil que Defpreaux nous la propofe dans fa neuvieme Satyre.

L'EPIGRAMME.

L'EPIGRAMME n'eft proprement qu'un bon mot mis en vers. L'Epigramme Grecque n'a rien de picquant ; elle roule uniquement fur un tour ingénieux de penfées fines & délicates.

L'Epigramme Latine furprend l'efprit par un de ces bons mots qu'on appelle pointes.

Les principaux Poëtes Latins qui fe font principalement appliqués à l'Epigramme, font Catule & Martial : il y a peu de chofes dans Catule, qu'un honnête homme puiffe lire fans rougir.

La fineffe caractérife l'Epigramme & la diftingue du Madrigal. Celles de Marot font pleines de graces & de naïveté. En voici une de Panard qui eft fort délicate & naïve.

J'ai ce matin fait préfent à Lifette
D'un beau ruban pour mettre à fa houlette,
J'irai tantôt lui donner ces fleurs-ci.
Elle a déja mon hautbois, ma mufette,
Et penfez bien qu'elle a mon cœur auffi.
Oh ! qu'à l'amour je dirois grand-merci,
Si de ces dons la belle fatisfaite,
Difoit un jour, j'eftime mieux ceci
Que des tréfors : voir même une couronne,
Eut-on mêlé des diamants parmi ;
Car tous ces biens, c'eft le fort qui les donne ;
Et ce que j'ai, vient de mon bon ami.

L'Epigramme, dit Scaliger, loue & blâme tour à tour ; elle eft galante ou maligne ; elle prend tous les tons ; l'hum-

ble , le sublime & le tempéré : quelquefois elle est noble & digne dans sa pi-
quante vivacité.

On sent que les limites de l'Epigramme
& du Madrigal sont difficilles à marquer.
Aussi voyons-nous de jolis madrigaux ,
mis au nombre des Epigrammes.
POEME DOGMATIQUE ou DICTATIQUE.

On appelle ainsi tout Poëme destiné
à donner des leçons : telles sont, par exemple , les géorgiques de Virgile , dont le titre nous promet des instructions sur l'a-
griculture. La poëtique d'Horace & celle de Boileau. Le Poëme de Lucrece sur
la nature. Le poëme de M. Watelet sur
la peinture ; & les plus illustres qui ont
écrits , sont Hesiode chez les Grecs , Virgile chez les Latins. Nous avons parmi
nos modernes , Pope , dans son essai sur
l'homme.... Hesiode manque de ce feu ,
de cette élévation , & de ce génie d'invention qui fait les Poëtes. Voyez son
Poëme *Opera & Dies.* Il rampe à force d'être simple & naturel ; sa poësie est
froide , ses descriptions languissantes &
ennuyeuses.

Lucrece ayant pris un philtre empoi-
soné que lui donna sa maîtresse compo-

fa fon poëme , de la nature des chofes , dans le moment de tranquillité , que lui laiffoient fes fréquens accès de folie. Il a entrepris de mettre en vers la Philo-fophie d'Epicure : Lucrece eft beau-coup plus admiré qu'il n'eft lu. L'An-ti-Lucrece eft un chef-d'œuvre.

Virgile eft admirable.

Molle atque facetum
Virgilio annuerunt gaudentes rure Camænæ.
Hor. Satyr. Liv. 10.

Après avoit décrit avec un art admi-rable , la nature & le gouvernement des abeilles , il termine ce recit par l'avan-ture tragique , & par la defcente d'Or-phée aux enfers. Ce qui eft touché d'une maniere fi tendre & fi touchante , qu'on eft tenté de donner des larmes à des malheurs , qui n'ont de réalité que dans l'imagination du Poëte.

POEME EPIQUE.

C'eft le chef-d'œuvre de l'efprit hu-main ; c'eft l'ouvrage le plus difficile que la poëfie puiffe entreprendre.

Le Poëme Epique eft une compofi-tion en vers héroïques , où l'on fait la defcription de quelque action ou de quel-que entreprife extraordinaire & périlleu-fe , dans laquelle on fait briller la gran-deur d'ame des Héros. Homére a excel-lé dans ce genre, parmi les Grecs , & Virgile chez les Latins. L'Iliade & l'Odiffée d'Homere , fourmillent des beautés , qu'on ne fe laffe point d'efti-mer. Quelle étendue de génie ! Quel feu ! Quelle imagination !

L'Eneïde de Virgile après avoir fait l'admiration de la Cour d'Augufte , eft encore lue de nos jours avec le même plaifir , & regardée comme un poëme inimitable. Les Italiens ont le Taffe dans fa Jérufalem délivrée. Les Anglois ont Milton , les François la Henriade qui eft leur meilleur Poëme. Nous en avons un excellent en profe qui eft Telemaque , le feul où l'on ait confervé la dignité & l'élévation du ftyle poëtique.

LA POESIE DRAMATIQUE

Elle confifte dans l'action que l'on divife en actes répréfentés par des Ac-

teurs : la Tragédie & là Comédie font
des Poëmes Dramatiques : ceux qui ont
le mieux réuffi dans la Tragédie & la
Comédie , chez les Grecs , font Echile ,
Sophocle , Euripide & Ariftote : Plau-
te & Térence chez les Latins : Corneille , Moliere , Racine , Renard & Cre-
billon chez les François.

Echile a des hardieffes heureufes , &
tout à fait nobles.

Sophocle eft excellent à peindre les
chofes , comme on peut le voir dans la
defcription qu'il fait d'Œdipe mourant,
& s'enfevéliffant au milieu d'une horri-
ble tempête. Corneille avoit pris Echile ,
& Sophocle pour modéles , & Racine
Euripide.... Euripide eft naturel , tendre , touchant , pathétique ; il excelle
également à exciter la terreur & la pitié.

LE SONNET.

Le Sonnet nous eft venu d'Italie ; il
y a peu de Sonnets fans défauts. On a
cité fouvent pour modéles ceux de Job
& d'Uranie. M. Boileau prétend que
c'eft pour pouffer à bout tout les rimeurs
François , qu'Appollon inventa les ri-

goureuſes loix du Sonnet , mais auſſi lorſque ces loix ſont exactement obſervées , il en reſulte une beauté ſuprême.

Un Sonnet ſans défauts vaut ſeul un long Poëme,

L'invention en eſt duë aux Trouvadoux; c'eſt de ces anciens Poëtes Provençaux, que Petrarque emprunta l'uſage & le nom de ce petit poëme ; & que dans ſa charmante ſolitude de Vaucluſe , il fit à leur imitation des jolis Sonnets, à l'honneur de ſa belle Laure : Joachim du Bellai, apprit à nos Poëtes à finir le Sonnet par une pointe : Maynar & Malleville lui donnerent plus de dignité. Voiture & Benſerade porterent enſuite le Sonnet à une grande perfection : ces deux fameux champions amuſerent la Cour , & la partagerent en deux cabales de beaux eſprits. Voiture eut pour lui de redoutables défenſeurs ; Benſerade eut auſſi les ſiens. Mais malgré les efforts des Uranites , la déciſion de M. le Prince de Conti donna gain de cauſe aux Jobelins.

L'un eſt plus grand , plus achevé,
Mais je voudrois avoir fait l'autre.

L'EPITALAME.

Epitalame vient du Grec, & fignifie, Chant nuptial : c'eft une efpéce de Poëfie très-ancienne : les Hébreux en connurent l'ufage du temps de David, & on regarde le Pfeaume 46. comme une véritable Epitalame. On n'y doit employer que des images riantes, & ne peindre que des chofes agréables : il peut repréfenter l'Hymenée avec fon voile & fon flambeau ; Venus avec les Graces, mêlant à leurs graces ingénues de tendres Concerts, & les Amours cueillants des guirlandes pour les nouveaux Epoux. On doit bannir les images indécentes, & qui révoltent la modeftie : celle de Théocrite n'offre que des images agréables.

» Vous êtes arrivé fous des aufpices
» favorables, vous devenez le gendre de
» Jupiter, vous époufez Helene, elle
» étoit l'ornement de Sparte. Unique-
» ment occupée de vous, nous allons
» vous cueillir une guirlande de Lotos ;
» nous la fufpendrons à un plane, & en
» votre honneur nous y répandrons des
» parfums. Sur l'écorce du Plane, on

» gravera ces mots : *Honorez-moi , je suis*
» *l'Arbre d'Helene.* » S'adreſſant enſuite
aux deux Epoux : » puiſſe Venus vous
» inſpirer une ardeur mutuelle : puiſſe
» Latone vous accorder une heureuſe
» poſtérité ; & Jupiter vous donne des
» richeſſes que vous puiſſiez tranſmettre
» à vos deſcendants ».

EPITAPHES.

Les Epitaphes ſont des Inſcriptions
que l'on grave ſur un tombeau : c'eſt le
plus ſouvent l'éloge du mort , quelquefois
c'en eſt la ſatyre. Les plus belles contiennent une réflexion morale rélative à
celui qui n'eſt plus.

La lecture des anciennes Epitaphes ,
dont nous avons des Recueils , n'eſt pas
une lecture ſtérile & ennuyeuſe. Voici
celle d'un véritable Philoſophe.

Romæ. Vixi quod volui , ſemper benè , pauper
honeſtè
Fraudavi nullum , quod juvat oſſa mea.

L'Epitaphe eſt cenſée exprimer quelquefois les dernieres paroles d'un mourant , comme celle-ci d'une jeune femme
enlevée à la fleur de ſon âge.

Immatura peri , fed tu felicior annos
Vive tuos , optime conjux , vive meos.

A Sparte , on n'accordoit des Epitaphes qu'à ceux qui étoient morts dans
un combat & pour le fervice de la patrie.
Voici celle d'Alexandre.

Sufficit huic tumulus , cui non fufficerat orbis.

Sta Viator , Heroem calcas ,

Fait allufion à la coutume des anciens
Romains , dont les tombeaux étoient le
long des grands chemins.

*Epitaphe d'un bon parent , d'un bon ami,
d'un bon Citoyen.*

Non fibi , fed patriæ vixit , Regique fuifque
Quod daret , hinc dives , felix numerare
beatos.

Voici celle que les Anglois ont faite à
Newton.

ISAACUM NEWTON
Quem immortalem
Teftantur Tempus , Natura , Cœlum
Mortalem hoc Marmor
Fatetur.

Les Anglois ont mis fur le tombeau de Drydem ,

DRYDEM.

Les Italiens fur le tombeau du Taſſe ,

LES OS DU TASSE.

Il n'y a que les hommes de mérite qu'il ſoit ſûr de louer ainſi :

Poſt cineres virtus vivere ſola facit.

On a dit ſur les Epitaphes , *Laudantur ubi non ſunt , cruciantur ubi ſunt.*

Cy giſt ma femme Elizabet ,
Si benè fecit , habet.

EMBLEME.

C'eſt la repréſentation de quelque hiſtoire ou ſymbole connu. L'image de Sevola , tenant ſa main ſur un foyer embraſé , avec ces mots au-deſſous :

Agere & pati fortia Romanum eſt :
Il eſt du Romain d'agir & de ſouffrir conſtamment.

Les Emblemes du fameux Alciat , ſont eſtimées parmi les Sçavants.

L'INSCRIPTION.

L'Inscription est l'énoncé clair & précis de ce qu'on veut apprendre aux passants, sur un fait, sur une chose, ou sur une personne : elle est destinée à un Monument, à un Edifice, à une Statue, & elle doit être telle qu'on la lise d'un coup d'œil. Il n'y en a pas de plus parfaite que celle qui fut gravée en 1720. sur une Pyramide élevée dans le Village d'Arcy, qui venoit d'être réduit en cendres, & que M. Grassin, Seigneur du lieu, fit rebâtir : elle est de M. Pyron.

> La flâme avoit détruit ces lieux,
> GRASSIN les rebâtit avec magnificence,
> Que ce marbre à jamais serve à tracer aux yeux
> Le malheur, le bienfait & la reconnoissance.

Pour un Edifice Public, la plus belle que je connoisse, est celle de l'Arsenal.

> Ætna hæc HENRICO Vulcania tela ministrat,
> Tela giganteos debellatura furores.

LA CHANSON.

La Chanson est un badinage où les François ont excellé. Il y a des Chansons purement satyriques ; il y en a qui censu-

rent les mœurs fans attaquer les perfonnes : c'eft ce qu'on appelle Vaudeville.
On en voit des exemples fans nombre ,
dans le Recueil des Œuvres de M. Panard.

DE L'ENIGME , DU LOGOGRIPHE , DE L'ANAGRAMME , DES HIEROGLI-PHES & DES DEVISES.

ENIGMES. Les anciens Grecs , dans
leurs feftins , avoient coutume de propofer , ce qu'ils appelloient *Griphos* , des
queftions obfcures , curieufes & difficy-
les , & on donnoit à celui qui les expli-
quoit une récompenfe , qui confiftoit
pour l'ordinaire en une couronne , ou à
boire un verre plein de vin ; & on con-
damnoit celui qui ne pouvoit pas l'expliquer , à boire une quantité d'eau pure ,
ou du vin mêlé avec de l'eau de la mer ,
qu'ils étoient obligés d'avaler fans re-
prendre haleine. Voici l'Enigme que
Samfon propofa aux Philiftins. *De come-
dente exivit cibus , & de forte exivit dul-
cedo* : La nourriture eft fortie de celui
qui dévore , & la douceur eft fortie du
fort : le problême ne peut pas paroître
plus obfcur. La folution des Enigmes

que les Anciens propofoient, dépendoit
de la connoiffance de quelques faits particuliers & inconnus. Nos faifeurs d'Enigmes auront peine à approuver les anciennes, qui ne font pas conformes à celles
qu'on propofe aujourd'hui. L'artifice de
l'Enigme confifte dans un mêlange adroit
de reffemblance & de contrariété, de
convenance, de répugnance & de rapport : tout l'artifice confifte dans l'équi-
voque.

ENIGME.

Je fuis Eau fans être liquide,
Je fuis une pouffiere humide
Qui fe forme chez Jupiter :
Ma froideur échauffe la terre,
Et quand je la viens vifiter
Elle ne craint point le tonnerre.

Explication. LA NEIGE.

AUTRE.

Sans ufer du pouvoir magique,
Mon corps entier en France a deux tiers en
    Afrique :
Ma tête n'a jamais rien entrepris en vain,
Sans elle en moi tout eft divin.
Je fuis affez propre au ruftique,
Quand on me veut ôter le cœur,

Qu'a vu plus d'une fois renaître le Lecteur.
Dans mon être simple & physique,
Je suis propre à la chair auffi-bien qu'au poiffon,
Mais fi par hafard on s'applique
A me prendre d'autre façon,
Avec mon humeur flegmatique,
Je puis fans nul effort noyer plus d'un Gafcon.

Explication. L'ORANGE.

Le LOGOGRIPHE eft une efpece d'E-
nigme , qui confifte en allufion équivo-
que , mutilation des mots , & qui fouvent , outre la defcription du mot principal , donne celle de différens autres.

Avec quatre lettres , légume ,
Je fuis femme , ma tête à bas ,
Otez ma queue , & peur de rhume ,
En hiver ne me quittez pas.

Le mot eft FEVE , dans lequel on
trouve EVE & FEU.

L'HYEROGLIPHE eft un Symbole myf-
térieux , qui à l'aide de quelques figures
d'animaux , ou de corps naturels , défig-
ne autre chofe que les objets qu'il repréfente. Les Juifs & les Payens ont eu les
leurs : l'Eglife a auffi les fiens : nous re-
préfentons

préfentons la priere par l'encens, la Charité par un cœur enflâmé.

L'Anagramme eft une tranfpofition
de nom par celle des lettres ; ou plutôt,
c'eft difpofer les mêmes lettres de différentes manieres, pour en fabriquer divers mots. Les anciens s'appliquoient
peu à ces bagatelles : on ne peut nier
qu'il n'y en ait d'heureufes & fort juftes,
mais elles font très-rares. C'eft Daurat,
qui fous le regne de Charles IX., s'avifa
le premier d'en faire. L'Abbé Catelan a
enchéri fur Daurat ; il inventa en 1680.
une Anagramme Mathématique, par le
moyen de laquelle il trouva que les huit
lettres du nom de Louis XIV. font VRAI
HEROS.

On dit que Rabelais, pour fe venger
de Calvin qui avoit anagrammatifé fon
nom, trouva *Jean Cul* dans le nom de
Calvin.

Une des plus heureufes Anagrammes,
eft celle qui fut faite fur le nom du meur-
trier d'Henri III. Roi de France : il s'appelloit, Frére Jacques Clément, l'Anagramme, fans rien changer au nom de
Clément, *C'eft l'Enfer qui m'a créé.*

Tome I. E

Logica , Caligo. Urſula , Laurus. Calvinus , Lucianus. Corpus , Porcus. Sacramentum Euchariſtiæ , Chara Ceres in Jeſum mutata. Ignatius de Loyola , O ! ignis à Deo illatus. Galenus , Angelus. Gregorius decimus quartus , murus cuſtodiaque gregis. Lorraine , Alterion , & l'on dit que c'eſt pour cela que la Maiſon de Lorraine porte des Alterions dans ſes armes.

Les Anagrammes , les Acroſtiches , les Bouts rimés, étoient une des marques les plus ſenſibles du mauvais goût du ſiecle , & de la décadence du bon goût & du ſçavoir : on en eſt bien revenu.

J'ai vu une Hymne en l'honneur de la Sainte-Vierge , qui eſt compoſée en ces termes : *Tot tibi ſunt , Virgo , dotes , quot Sidera Cælo.*

DEVISES. Il y a des Deviſes par rebuts, équivoques ou alluſion , tant au nom qu'aux armes. MM. de Guiſe ont pris des A dans des O, pour ſignifier , Chacun a ſon tour. La Maiſon de Seneçai , *In virtute & honore Seneſce.* Mortlais, S'il te mort , Morlais.

ARTICLE XIII.

De la Fable.

JE ferois d'avis qu'on fit lire à notre cher Emile, les Fables de Phédre, qu'on lui donnât enfuite à lire les Fables de la Fontaine : elles font fon chef-d'œuvre. Ses Contes ont des agréments inimitables, mais il eft trifte que cet Ouvrage ne puiffe être à l'ufage de la Jeuneffe & des honnêtes gens. Il faut que le Maître accoutume fon Eleve à réciter quelques Fables, à faire de petits Contes agréables, propres à égaier la converfation. Pour bien entendre la Fable, on fera étudier à Emile l'Hiftoire Poëtique du P. Gautruche, ou le petit Traité du P. Jouvenci, *De Diis & Heroïbus*, & on lui donnera le Dictionnaire de Mythologie, 3. vol. *in-12.* à Paris, chez Briaffon.

La Fable eft une fiction ou invention des hommes, deftinée à inftruire les uns & à tromper ou à flatter les autres : fon ftyle doit être fimple, familier, riant, gracieux, naturel, & fur-tout naïf.

L'Idolâtrie y a donné occafion.

On diftingue de deux fortes de Fables ; les Morales & les Héroïques : les Morales font celles d'Efope , mifes en Vers Latins par Phédre , Affranchi d'Augufte , & en Vers François, par le célébre la Fontaine.

Les Auteurs des Fables Héroïques, les plus célébres , font , Orphée , Homére , Héfiode & Ovide : elles comprennent la généalogie & les avantures des Dieux : on les explique théologiquement, hiftoriquement & en pures fictions.

La connoiffance de la Fable a fes dangers : Plutarque veut qu'on la life avec des yeux de Philofophe & de Cenfeur. Il faut fur-tout prendre garde de ne fe rendre pas l'efprit payen ; M. Perrault blâme l'abus que nos Poëtes modernes font de la Fable , principalement lorfqu'ils écrivent à des femmes ; mais il a tort de blâmer les Anciens , & de dire qu'il falloit que les Maîtreffes d'Ovide fuffent bien fçavantes pour entendre fes Epîtres , qui font aujourd'hui notre érudition , & qu'il nous faut chercher par une longue étude dans les Livres des Anciens : elles étoient très-vulgaires de leur temps , elles faifoient une partie de

leur érudition. Il n'y avoit point de Sou-
brette à Rome, qui ne fçût que Mars
étoit le Dieu de la guerre & Venus la
Déeffe de l'amour.

Les Fables ne font qu'un déguifement
de l'Hiftoire Sainte & Profane, que les
Poëtes ont altérée.

La meilleure maniere d'étudier la
Fable, c'eft de s'arrêter peu à l'allégorie
& à la morale, de ne compter pas davantage fur les explications phyfiques
qu'on peut donner, puifqu'il eft plus que
probable que les anciens Poëtes, & Homére en particulier, n'ont jamais penfé
à tous ces grands myftéres qu'on veut
nous faire croire qu'ils ont cachés dans
leurs ouvrages ; & que, comme le dit
M. de Fontenelle dans fes Dialogues des
Morts, fi ces Anciens revenoient au
monde, ils feroient bien furpris de voir
que nos Modernes veuillent entendre fineffe où ils n'en ont point entendu; de ne faire
même que fort fobrement l'application
des Fables à l'Hiftoire Sainte, parce que
les Anciens n'en ont fûrement eu qu'une
connoiffance très-confufe ; & qu'il eft
vrai de dire, que fi les Anciens ont en-
veloppé quelques-uns des principaux évé-

nements de l'Hiſtoire Sainte ſous le voile de leurs fictions ; il eſt ridicule d'ailleurs de vouloir trouver dans les anciens Patriarches & dans Adam , tous les Dieux & les Héros du Paganiſme.

Il faut pourtant demeurer d'accord , qu'il y a un grand rapport entre les Fables & l'Ancien Teſtament : les premiers Chapitres des Métamorphoſes juſqu'au dixieme , ſont une imitation de la Geneſe.

Les rapports de la Fable à mille endroits de l'ancien Teſtament , ſont frappans.

Premiérement , le Cahos , la ſéparation des quatre Eléments , la formation de l'homme , par où Ovide commence ſes Métamorphoſes , ſont tirées de la Geneſe.

Le Cahos eſt le néant , la ſéparation des Eléments , eſt une expreſſion de la Puiſſance de Dieu , qui les place chacun dans le lieu qui leur convient ; & tout ce qui ſuit dans le Chapitre , marque les ouvrages de Dieu , pendant les ſix jours de la Création.

Prométhée , c'eſt Dieu , qui forma l'homme de la terre.

Minerve , qui donne la vie à l'homme , n'eſt autre choſe que la Sageſſe dont Dieu avoit rempli l'homme , qui devoit le diſtinguer des autres créatures.

Les quatre Ages du monde.

L'âge d'or , marque l'innocence d'A- dam & de la Femme , dans le Paradis Terreſtre , où ils trouvoient tout ce qui leur étoit néceſſaire , ſans travail.

L'âge d'argent ; les premiers fruits de leur péché, qui fut le travail & la douleur.

L'âge d'airain ; la corruption & la malice des hommes , qui vinrent à un tel point , que Dieu les fit tous périr par le Déluge , à la réſerve de Noé & de ſa famille.

L'âge de fer , marque la guerre que les hommes ſe firent les uns aux autres, après la punition de leur orgueilleuſe entrepriſe.

Ces quatre âges peuvent convenir aux quatre ſaiſons de l'année.

On trouve un grand rapport entre le Sacrifice d'Abraham & l'Hiſtoire d'Iphi- génie. On fait tout l'appareil néceſſaire pour l'immolation de cette victime ; Calcas doit être le Miniſtre de l'exécu- tion ; il leve le bras pour la conſommer ; une voix ſurnaturelle ſort du fond de la forêt , qui crie que Diane , à laquelle on rend cet affreux hommage , le défapprouve & le déteste. On épargne Iphigénie ; on délibere fur le choix d'une autre victime ; & tandis que l'on cherche celle qui pourroit être la plus agréable à la Déeſſe, une biche d'une merveilleuſe beauté s'arrête devant l'Autel , & eſt ſubſtituée à la place de la fille d'Agamemnon.

Le deſſein des Poëtes , dans ce grand nombre de Divinités du Ciel , de la Terre & de la Mer , des Enfers , des Montagnes , des Forêts , des Rivieres , des Maiſons , des Chemins , a été d'exprimer les différens attributs de la Divinité. Par Saturne , ils ont repréſenté Dieu ; par Jupiter , Neptune & Pluton , ſa puiſſance dans le Ciel , ſur la Terre , ſur la Mer & dans les Enfers ; par Mars , ſa puiſſance dans la guerre ; par Minerve , ſa ſageſſe ; par Pallas , la Déeſſe des Arts , ils ont marqué que c'eſt de Dieu que vient la connoiſſance des Arts & des Sciences ; & par les autres Divinités , ſon immenſité & ſa Providence qui eſt attentive à tout. Si la conformité de ces Fables n'eſt pas parfaite , c'eſt que les Poëtes y ont mêlé beaucoup de fictions , ſur-tout les Grecs qui étoient de grands menteurs.

La Fable eſt une Philoſophie deguiſée, qui ne badine que pour inſtruire, & qui inſtruit d'autant mieux, qu'elle amuſe.

Les Fables ne ſont pas ce qu'elles ſemblent être,
Le plus ſimple animal nous y tient lieu de maître ;
    Une morale nue apporte de l'ennui,
    Le Conte fait paſſer le précepte avec lui.

En ces ſortes de feintes il faut inſtruire & plaire.
Liv. 6. Fab. L.

Et dans le huitieme Livre :

Le monde eſt vieux, dit-on, je le crois. Ce-
    pendant,
Il le faut amuſer encore comme un enfant.

C'eſt ainſi qu'en uſoit Eſope. Pour inſpirer la néceſſité du travail, il faudra faire lire à Emile, la Fable de la Fourmi & de la Cigale.

LIVRE PREMIER. FABLE

    Que faiſiez-vous au temps chaud ?
    Nuit & jour à tout venant
    Je chantois, ne vous déplaiſe.
    Vous chantiez ! j'en ſuis fort aiſe ;
    Hé bien, danſez maintenant.

Pour guérir les enfants de la gourman-
E v

dife , faites-leur lire la Fable du Chat &
des Rats : vous leur apprendrez combien
la gourmandife , qui , en elle-même eft
baife , peut encore être préjudiciable à
celui qui en eft atteint.

L'amitié engendre auffi quelquefois
une familiarité hors d'œuvre : la Fable
de l'Ane & du Chien nous en donne un
bel exemple. L'Ane raifonne ainfi :

> Ce chien , parce qu'il eft mignon ,
> Vivra de pair à compagnon ,
> Avec Monfieur , avec Madame ,
> Et j'aurai des coups de bâton.
> Que fait-il ? Il donne la patte ,
> Puis auffitôt il eft baifé :
> S'il en faut faire autant afin que l'on me flatte ,
> Cela n'eft pas bien mal-aifé.
> Dans cette admirable penfée ,
> Voyant fon Maître en joie , il s'en vient lour-
> dement ,
> Leve une corne toute ufée ,
> La lui porte au menton fort amoureufement ,
> De fon chant gracieux , cette action hardie ,
> Oh ! Oh ! quelle careffe & quelle mélodie !
> Dit le Maître auffitôt , hola , Martin bâton ,
> Martin bâton accourt , l'Ane change de ton ;
> Ainfi finit la Comédie.

On peut infpirer à Emile , la droiture
& la fimplicité , par la Fable du Renard
& du Chat , lui faire voir que rarement

le menteur réuffit, & que la tromperie conduit fouvent à une mauvaife fin. Un galant homme ne doit jamais mentir, & quand bien même le menfonge que l'on dit, ne feroit aucun tort à fon prochain, on doit s'en abftenir, parce qu'on fe nuit toujours à foi-même. La Fable me fournit derniérement un confeil que je donnai à un de mes parents : il regardoit dans le cabinet de M. le Comte, le Tableau d'Actéon que vous y avez vu, & je crus être obligé de le porter à faire une férieufe réflexion fur ce qu'il examinoit. Je lui repréfentai que fa dépenfe pour la chaffe étoit un peu forte ; qu'il feroit bon qu'il la modérât, & qu'il prît garde qu'Actéon dévoré par fes chiens, avertiffoit les gens de qualité de ne fe pas laiffer ruiner par une meute. Il faut donc conclure, qu'on ne peut fe difpenfer d'apprendre à Emile la Fable : elle lui fera connoître la plûpart des Tableaux, des Tapifferies, des Statues, des Bas-Reliefs, des Tragédies, & prefque toute la Poëfie en général. Les Fables de la Fontaine font en quatre volumes *in-folio* ; les planches ont été gravées d'après les deffeins du célébre Oudri. Ce Peintre faifoit fon capital, d'exprimer fur la toile, la contenance, la couleur, le jeu des animaux : il les a peint tous admirablement, depuis l'Aigle & le Lion, jufques à l'Efcarbot & à l'Infecte.

Dans l'explication hiftorique des Fables de M. l'Abbé Bernier, & fur-tout dans fa Mythologie, ouvrage excellent & rempli de recherches très - utiles & très-curieufes, Emile apprendra l'origine des Fables & leur rapport avec l'Hiftoire Ancienne.

ARTICLE XIV.

De la Rhétorique.

LEs Préceptes, dit Ciceron ; n'ont pas fait les hommes éloquens, mais les hommes éloquens ont donné lieu aux préceptes, par les obfervations qu'on a fait fur leurs difcours. Le corps de ces obfervations rédigées & réunies fous certains chefs, eft appellé Rhétorique, qui eft un art qui enfeigne à bien parler. La fin de la Rhétorique, eft de bien dire, d'imprimer dans l'ame des autres le fentiment profond dont on eft pénétré : c'eft pour cette raifon que les Anciens ont défini l'éloquence, le talent de perfuader, & qu'ils ont diftingué perfuader & convaincre. Le premier de ces mots ajoutant à l'autre l'idée d'un fentiment actif excité dans l'ame de l'Auditeur & joint à la conviction : ce que l'on conçoit bien, dit M. Boileau, s'énonce clairement; ainfi ce que l'on fent avec chaleur, s'énonce de même : fentez vivement, & dites tout ce que vous voudrez, ce font les régles de l'éloquence. Un difcours n'a de vrais ornements que ceux qu'il tire de la juftefle des penfées qui le compofent, de la folidité des raifons qui le foutiennent, & de la maniere naturelle dont on le tourne.

Les morceaux les plus fublimes, font toujours ceux qui fe traduifent le plus aifément : *Que vous refte-t-il ? moi. Comment voulez-vous que je vous traite ? en Roi. Dieu dit, que la lumiere fe faffe, & elle fe fit.*

Cet art peut fe réduire en trois genres, qui font,

Le Démonftratif, par lequel on loue, ou l'on blâme.

Le Judiciaire, qui enseigne à défendre un accusé, ou à le convaincre.

Le Délibératif, qui sert à persuader, ou à dissuader.

Pour faire un bon Rhétoricien, il faut qu'il ait de l'Invention, qui est un certain génie particulier qui donne la facilité de trouver quelque chose de nouveau.

De la Disposition, pour faire placer chaque chose dans la situation qui lui convient.

De l'Elocution, qui est une maniere claire & nette de s'exprimer, & propre au sujet que l'on traite.

De la Mémoire, qui est une puissance de l'ame, qui conserve les choses que l'on a apprises, & qui les représente quand on en a besoin.

De la Prononçiation, qui est une expression distincte & nette des mots & des phrases, qui servent à régler la voix & le geste, sans quoi l'Orateur ne fait aucune impression sur les Auditeurs.

Toutes ces parties sont nécessaires, mais la prononciation est la plus utile.

Ciceron veut que l'Orateur soit ardent comme la foudre, *vehemens ut procella, excitatus ut torrens ;* rapide comme un

torrent , *incenfus ut fulmen* , qu'il fe pré-
cipite , qu'il renverfe tout par fon impé-
tuofité , *tonnat , fulgurat & rapidis elo-
quentiæ fluctibus cuncta proruit & pro-
turbat.*

L'éloquence , dit M. de Voltaire , eft
née avant les régles de la Rhétorique ,
comme les Langues fe font formées avant
la Grammaire. La nature rend les hommes éloquens dans les grands intérêts &
dans les grandes paffions : quiconque eft
vivement ému , voit les chofes d'un autre
œil que les autres hommes ; tout eft pour
lui objet de comparaifon rapide & de
métaphores ; fans qu'il y prenne garde ,
il anime tout , & fait paffer dans ceux
qui l'écoutent une partie de fon enthou-
fiafme. Un Philofophe a remarqué que
le peuple même s'exprime par des figures , que rien n'eft plus commun , plus
naturel que les tours qu'on appelle tropes.
Ainfi , dans toutes les Langues , le cœur
brûle , le courage s'enflâme , les yeux
étincellent, l'efprit eft accablé , il fe partage , il s'épuife ; le fang fe glace , la tête
fe renverfe , on eft enflé d'orgueil , animé
de vengeance , la nature fe peint dans
ces images fortes devenues ordinaires.

C'eſt elle dont l'inſtinct enſeigne à prendre d'abord un air, un ton modeſte avec
ceux dont on a beſoin : c'eſt cette même
nature qui inſpire quelquefois des débuts
vifs & animés : une forte paſſion, un
danger preſſant appellent tout d'un coup
l'imagination. Ainſi, un Capitaine des
premiers Califes, voyant fuir les Muſul-
mans, s'écria : « Où courez-vous ? ce
» n'eſt pas là que ſont les ennemis : on
» vous a dit que le Calife eſt tué ! Eh
» qu'importe qu'il ſoit au nombre des
» vivants ou des morts ! Dieu eſt vivant
» & vous regarde, marchez ».

La nature fait donc l'éloquence, & ſi
on a dit que les Poëtes naiſſent, & que
les Orateurs ſe forment, on l'a dit, quand
l'éloquence a été forcée d'étudier les loix,
le génie des Juges & la méthode du
temps : les préceptes ſont toujours venus
après l'art. Ariſtote fait voir que la véritable Philoſophie eſt le guide de l'eſprit
dans tous les arts : il creuſa les ſources
de l'éloquence, dans ſon Livre de la Rhétorique. Il fait voir que la Dialectique eſt
le fondement de l'art de perſuader, &
qu'être éloquent, c'eſt ſçavoir prouver.

L'élégance d'un diſcours n'eſt pas l'éloquence, c'en est une partie ; ce n'est pas la feule harmonie, le feul nombre ; c'est la clarté, le nombre & le choix des paroles. Un difcours peut être élégant fans être un bon difcours, l'élégance n'étant en effet que le mérite des paroles : mais un difcours ne peut être abfolument bon fans être élégant.

L'élégance eft encore plus néceffaire à la Poëfie que l'éloquence : un Orateur peut convaincre & émouvoir même, fans élégance, fans pureté, fans nombre : un Poëme ne peut faire d'effet s'il n'eft élégant.

Dans le fublime, il ne faut pas que l'élégance fe remarque, elle l'affoibliroit.

Il feroit à fouhaiter que l'on enfeignât la Rhétorique en François : n'eft-ce pas une chofe ridicule à un François, de chercher à parler bien une Langue morte, & de ne fçavoir écrire ni bien parler fa propre Langue, que toute l'Europe fçavante & polie, entend ? Les Grecs enfeignoient-ils l'art de parler dans une autre Langue qu'en la leur ?

La Rhétorique du P. Grenade eft un chef-d'œuvre, fon ftile eft net : Grenade avoit été un des plus célébres Prédica-teurs de fon temps.

L'art de parler du P. Lami, quatrieme Edition. L'ouvrage est refondu, c'est celle que je conseille.

La Traduction de Quintilien, par l'Abbé Gedouin.

Les Regles de l'éloquence, par Gibert. Cet ouvrage est le fruit d'une longue expérience.

Le Traité des Etudes de M. Rollin, n'est pas à négliger.

Un discours a cinq parties; l'Exorde, la Division, la Narration, la Confirmation & la Peroraison, qui est une récapitulation de tout ce que l'on a dit : la Peroraison doit exciter les mouvements de haine ou de pitié, dans l'esprit des personnes à qui l'on parle.

Les Grecs & les Romains ont excellé dans l'art de l'Orateur ; Démosthene chez les Grecs , & Ciceron chez les Romains : l'éloquence de Démosthene fut l'unique rempart qui défendit Athênes contre les artifices & contre la force de Philippe : Ciceron fut long - temps l'appui de la liberté de Rome ; il soutint seul les efforts ambitieux de Catilina , dissipa la conjuration & mérita le glorieux titre de Pere de la Patrie.

En France nous avons eu d'habiles Orateurs :

Bourdalouë , Cheminais , Fléchier , Mascaron , Massillon, la Boissiere , le Maure , & Quinquet , Théatin , &c.

Dans le Barreau , le Maître , de Sacy, Patru , Pajot , Fourcroi , le Normand & plusieurs autres.

Il est une infinité de Traités sur l'éloquence , on les fera lire à Emile , & on lui fera remarquer ce qu'il y a d'élevé dans les sentiments , de beau dans les pensées & dans l'expression , & comme il n'est guères de piéces d'éloquence qui n'ait quelque défaut , on aura soin de les faire remarquer à Emile.

ARTICLE XV.

De l'Etude des Langues.

IL n'y a que deux moyens infaillibles pour apprendre les Langues ; l'usage & la traduction ; c'étoit ainsi que les apprenoient les Anciens. Les Romains alloient apprendre le Grec à Athénes , ou bien ils prenoient des Maîtres de cette Nation, qui leur faisoient traduire les meilleurs Livres. En parcourant l'Histoire des enfants doctes de Bailliet, on apprend qu'ils n'étoient parvenus à bien sçavoir les Langues, que par la lecture & la traduction. Comme l'étude des Langues dépend plus de la mémoire que du raisonnement, l'enfance est le temps le plus propre pour les apprendre. Je ferois d'avis que l'on commençât par le François, le leur enseigner par méthode; un mauvais mot ou une construction vicieuse, sentent la mauvaise éducation.

Depuis que François I. eut aboli l'usage de la Langue Latine qui s'étoit conservé jusqu'à son regne dans les actes publics de judicature, la Langue Françoise s'est perfectionnée à un point, qu'on n'a presque plus rien à y desirer : sans parler des Dictionnaires, combien de personnes n'ont pas travaillé à en expliquer les régles. Mais de tous ceux qui ont écrit, les Remarques de M. de Vaugelas, sont ce qu'il y a de meilleur : ces Remarques ont été imprimées avec les Observations de MM. de l'Académie; & ce qui surprendra, c'est qu'elles ont été bien moins

correctement imprimées à Paris, qu'elles ne l'ont été à la Haye, *in-12.* en 1725.

Outre les Remarques de Vaugelas,
on a celles de Thomas Corneille ; les
Observations de Menage ; les excellentes
Remarques du P. Bouhours Jésuite. Ce
que nous avons de mieux, c'est l'art de
bien parler françois, qui comprend tout
ce qui regarde la Grammaire ; & les façons de parler douteuses : c'est un *in-12.*
2. vol. M. de Latouche en est l'Auteur :
il a été fait pour M. le Duc de Glocester.
L'Auteur dans le tom. 1. traite de ce qui
regarde la grammaire en général, par
rapport au François, de la prononciation, de l'orthographe, de la nature des
mots & de leur construction dans le difcours. Il a renfermé dans le tom. 2. un
extrait de toutes les Observations qu'ont
faites sur la Langue, ceux qui en ont le
mieux traité. Tout cela a été rangé par
ordre alphabétique, de sorte qu'on peut
dire que le premier volume est une Grammaire, & le second un Dictionnaire des
façons de parler douteuses ; ce qui rend
l'usage de ce Livre très - utile & très-
commode. MM. Wetsteins en ont publié
en 1710. une seconde Edition : il a été

imprimé à Paris. La Grammaire de Def-
marêts eft bonne , mais trop étendue
pour des enfants ; on pourra donner à
Emile celle du P. Buffier : l'Edition de
1732. eft la meilleure , elle eft corrigée
& augmentée. Celle de M. Reftaut eft
très-bonne : M. de Villecomte nous a
donné des Remarques raifonnées contre
la Grammaire de M. Reftaut.

La Langue Françoife eft aujourd'hui
celle de prefque toute l'Europe ; elle eft
préférée à prefque toutes les Langues
vivantes. Les Princes & les Etrangers
croiroient qu'il manqueroit quelque chofe
à leur éducation , s'ils ne la parloient
purement & avec facilité. (En 1762. on
établit à Lisbonne des Claffes pour apprendre la Langue Françoife , comme
on apprend le Latin). Peu de perfonnes
la fçavent par principes , parce que peu
de Maîtres prennent foin de l'enfeigner ,
moins encore , d'en expliquer les délica-
teffes. Racine eft le premier qui a donné à
la Langue Françoife, cette pureté , cette
vraie nobleffe qui la rendent fi belle ; &
Defpreaux , dans le même temps , a travaillé utilement à la fixer par l'exactitude
la plus correcte.

M. Ménage nous a donné un fort bon Dictionnaire de l'origine de la Langue Françoife : la Reine de Suede difoit de lui, qu'il étoit un fçavant & très-honnête perfonnage , mais le plus incommode du monde ; il ne fçauroit paffer le moindre mot fans fon paffeport.

DE LA LANGUE LATINE.

Cette Langue eft du nombre de celles qu'on appelle mortes , parce qu'elle n'eft la Langue vulgaire d'aucune Nation , & qu'étant fixée dans les Livres , l'ufage n'a plus de prife fur elle.

Un grand nombre d'Auteurs ont écrit fur la Langue Latine. La meilleure méthode , eft celle de M. Lancelot, connue fous le nom de Port-Royal : cet ouvrage traite , non-feulement de toutes les parties du difcours , mais auffi on trouve à s'inftruire fur le nom des Romains , fur la maniere de compter les fefterces. On y trouve un Traité de la Poëfie Françoife & de la Poëfie Latine : M. Lancelot fait trouver des fleurs , où les autres n'offrent que des champs arides. On a fait un grand nombre d'éditions de cette Méthode :

toutes font bonnes depuis la feconde.

On ne fe contentera pas de faire apprendre à Emile par mémoire la Grammaire, il faut par des explications fimples & réïtérées, la lui faire entendre par jugement.

M. le Clerc nous a donné un *Ars Critica*, qui mérite extrêmement d'être lu, de tous ceux qui veulent s'attacher aux Langues & à la critique : c'eft un des meilleurs ouvrages qui foient fortis de la plume de ce fçavant Auteur.

J'ai vu des perfonnes prononcer ainfi le Latin : *Utinam Ciceronem audiviffemus Romani, ut pronuntiaremus voces veftras ut decet. Outinam Kikeronem audiviffemous Romani, out pronunkiaremous vokes weftras out deket.* Chacun donne au Latin la prononciation de fa Langue naturelle.

DE LA LANGUE GRECQUE.

C'eft encore fur cette Langue que M. Lancelot a fait merveilles : ceux qui s'en ferviront, feront furpris du fruit qui leur en reviendra, & du peu de travail qu'il leur en coûtera. Rien n'eft plus clair,
rien

rien n'eſt plus ſçavant ni mieux entendu
que la maniere dont il y explique tout
ce qui peut ſervir à la parfaite intelligence de cette Langue : elle a été imprimée à Paris pour la neuvieme fois,
1696. en grand *in-8°*. de même que la
Méthode Latine. Immédiatement après
le titre, on trouve une excellente Préface, où il eſt parlé du renouvellement
des Lettres Grecques dans l'Europe, &
de ceux qui y ont le plus travaillé. On y
trouve auſſi des avis généraux, pour bien
montrer & bien apprendre le Grec, &
un Jugement des meilleurs Auteurs, ſoit
Saints, ſoit Profanes, qui ont écrit ſur
cette matiere.

Dans le dénombrement de ceux qui
l'ont enſeigné : on eſt non-ſeulement ſur-
pris du grand nombre, mais encore de
la qualité des perſonnes ; la plûpart ont
été des gens très-diſtingués par leur naiſſance, ou par les emplois qu'ils ont eu.
Chriſole, le premier qui rétablit cette
Langue en Italie, d'où elle avoit été
bannie depuis plus de ſept cents ans,
avoit été Ambaſſadeur de l'Empereur
Paléologue ; & après s'être acquitté de
ſon Ambaſſade, il ne dédaigna pas d'en-

feigner le Grec à Venife , à Florence , à Rome & à Pavie. Il nous a donné un Abrégé de cette Méthode Grecque , comme il y en a un de la Méthode Latine : fes Racines Grecques font fort eftimées. Les gens de qualité regardent le Latin & le Grec comme inutiles : peuvent-ils ignorer que la Grece a toujours été la mere des Sciences & des Arts , & qu'il nous refte d'excellens Ouvrages des fiécles les plus Illuftres de la Grece & de Rome. Homére , ce Poëte fi fenfé , fi harmonieux , fi fublime , devient puérile , infipide , & d'une baffeffe infupportable , quand on entreprend de le traduire mot à mot.

La Langue Grecque , dit M. de Voltaire , n'a point la rudeffe de la Latine , dont tant de mots finiffent eu *um* , *ur* , *us* ; elle a toute la pompe de l'Efpagnol , & toute la douceur de l'Italien ; elle a par-deffus toutes les Langues vivantes du monde , l'expreffion de la Mufique , par les fyllabes longues & breves : ainfi tout défiguré qu'eft le Grec dans la Grece , il peut être encore regardé comme le plus beau langage de l'Univers. De tous les Dictionnaires Grecs & Latins , le *Lexicon de Scapula*, me paroît le plus propre pour les Commençants.

DE L'INTELLIGENCE DES LANGUES.

L'intelligence des Langues nous met en état de nous entretenir avec les plus fçavans hommes. Plufieurs Nations ont produit d'excellens Ouvrages, dont on peut profiter lorfqu'on entend leurs Langues : les Italiens ont l'imagination brillante ; jamais pays n'a produit de fi fçavans Hommes : les Anglois approfondiffent les Sciences, & nous ne faifons que les effleurer. La Langue Allemande eft difficile, mais elle eft utile aux gens de guerre : il y a un grand nombre de Princes en Allemagne auprès defquels on peut réfider, ou être chargé de quelque commiffion : Langues s'apprennent avec peine, & s'oublient facilement fi on ne lit de temps en temps quelque ouvrage étranger. Il y a bien de la négligence parmi nous de ne faire apprendre aux enfants aucune Langue ; toutes les perfonnes bien élevées parmi les autres Nations, fçavent au moins deux ou trois Langues étrangeres, elles font utiles dans les voyages.

DE LA LANGUE ITALIENNE.

La Langue Italienne ne laiſſe pas que d'être bien en vogue : on la parle dans la Grece , dans les Iſles du Levant , à Conſtantinople , à Vienne & dans la plûpart des Cours d'Allemagne ; elle eſt très-commune à Londres & à Paris.

S'il eſt facile de l'apprendre facilement , il eſt très-difficile d'en entendre toutes les délicateſſes , de l'écrire & de la parler dans ſa perfeƈtion. Il y a à Florence un Profeſſeur , choiſi parmi les plus habiles de l'Académie de la Creuſca , & ſouvent homme de qualité, qui profeſſe publiquement cette Langue , comme les Romains en établirent autrefois un pour profeſſer la leur.

Les deux meilleures Grammaires que nous ayons , ſont celles de M. Lancelot , & de Veneroni. Cette derniere eſt extrêmement bonne pour acquérir un certain uſage familier dans la Langue Italienne ; & l'autre eſt meilleure pour en pénétrer toutes les raiſons. La troiſieme partie de cette Grammaire comprend une briéve Inſtruƈtion de la Poëſie Italienne : perſonne , avant M. Lancelot , n'avoit donné en François les regles de cette Poëſie.

M. Antoine, Auteur du Dictionnaire Italien, nous a donné une bonne Grammaire réimprimée à Avignon.

En 1713. on réimprima à Ferrare les *Obſervationi della Lingua Italiana, recolte dal Ciconio*, c'eſt-à-dire, par le P. Mambelli Jéſuite : elles ſont accompagnées de notes très-ſçavantes.

Preſque tous les différens Etats de l'Italie ont chacun leur Hiſtoire particuliere, écrite en Italien.

Pour être informé des meilleurs Auteurs qui ont écrit en Italien, on n'a qu'à conſulter le *Ragionamento della eloquenza Italiana*, de M. l'Abbé Fontanini, imprimé en 1706. L'Auteur après avoir ſoutenu l'honneur des Italiens, en fait de bel eſprit, contre les attaques du Pere Bouhours, donne une ample liſte des meilleurs Auteurs Italiens, & des diverſes Editions de leurs Ouvrages.

DE LA LANGUE ANGLOISE.

Les Anglois ont écrit ſur toute ſorte de matiere, & ont bien écrit : Newton eſt un des plus habiles Mathématiciens de l'Europe. Quand ils traitent de Religion, ils ne fuivent que les lumieres de leur confcience, & ne tablent que fur ce qu'ils voient par eux-mêmes : quand ils parlent de Gouvernement, ils peuvent foutenir hardiment les droits de la Nature & la dignité de l'homme.

C'eft pour lire les différens ouvrages où la liberté régne, qu'on doit apprendre l'Anglois. Ceux qui fçavent le François, peuvent d'abord fe fervir d'une Grammaire Angloife Françoife de C. Mauger & du P. Feftau, il y en a une feizieme Edition, chez Hoshout 1715. Cette Grammaire n'eft pas du tout raifonnée, elle ne regarde que le fimple ufage ; mais en l'étudiant bien, on peut y apprendre affez pour fe mettre en état de lire, avec l'aide des Dictionnaires, quelque Livre Anglois. Pour acquérir une entiere connoiffance de cette Langue, on peut lire la Grammaire Angloife de M. Stecle, fi célébre par tant d'autres ouvrages : tous les Chapitres font accompagnés de notes qui ne laiffent rien à defirer fur tout ce qui appartient à cette fcience. On ne trouve point dans cette Grammaire le nom de fon Auteur ; c'eft un *in-12.* de 180. pages.

La Grammaire du Docteur Wallis est pleine de sçavantes Remarques : l'Auteur traite de la formation des sons , il est si habile en ceci , qu'il a appris à deux personnes muettes à parler , & même à prononcer les mots les plus difficiles distinctement. Il les perfectionna jusqu'au point d'écrire ce qu'elles pensoient , de lire même & d'entendre les écrits des autres. *Editio quarta , Oxoniæ.* (A Oxfort.) 1674. *in-8°.* p. 190.

DE LA LANGUE ESPAGNOLE.

M. Lancelot nous a donné une Grammaire , M. l'Abbé de Vairac en a donné une autre ; on en a fait à Paris en 1714. une seconde Edition *in-12.* considérablement augmentée. Cet Abbé paroît n'avoir rien oublié pour rendre sa Grammaire meilleure que toutes les autres.

La Langue Espagnole n'est proprement qu'une corruption de la Latine , que les Romains introduisirent peu-à-peu en Espagne , les Goths la corrompirent , & elle se gâta encore plus par l'invasion des Arabes.

DES LANGUES HOLLANDOISE
ET ALLEMANDE.

La connoiſſance de ces deux Langues eſt plus utile aux perſonnes qui voyagent ou qui ſont à l'armée, qu'elle ne l'eſt aux gens d'étude. Ce n'eſt pas qu'on n'imprime de bons ouvrages en Hollandois & en Allemand; il ſe fait en l'une & en l'autre Langue de fort bons Journaux Littéraires, & les Hollandois écrivent avec aſſez de liberté ſur des matieres importantes : mais cela n'eſt pas aſſez fréquent pour qu'on doive ſe donner beaucoup de peine à apprendre deux Langues difficiles aux François, non-ſeulement à cauſe des mots & de la prononciation, mais encore à cauſe de la maniere de s'exprimer.

Il eſt facile à quiconque ſçait une de ces Langues de ſçavoir l'autre : le Hollandois n'eſt preſque que l'ancien Allemand. La prononciation de l'Allemand, qui eſt plus pur en Saxe & à Francfort-ſur-le-Mein que par-tout ailleurs, eſt moins difficile aux François que la prononciation de l'Hollandois.

Ceux qui veulent apprendre ces Langues pour voyager, doivent commencer par la Langue Allemande ; d'ailleurs le son de celle-ci est beaucoup plus plein & plus agréable que celui de la Langue Hollandoise.

ARTICLE XVI.

De la Politique.

HEUREUX qui content d'une fortune médiocre, met toute son ambition à pratiquer les vertus de son état ! La lecture forme l'esprit de la Politique, en étend les vues, mais il y a une grande différence entre la théorie & la pratique.

Alcibiade menoit les hommes à son gré, parce qu'il sçavoit conformer son caractére à toutes les situations où il se trouvoit, populaire à Athênes, frugal à Sparte, magnifique en Perse, grand buveur en Thrace : aucune maxime politique ne peut être comparée à ce talent naturel de transformer son humeur suivant l'exigence des conjonctures.

Ecoutez tout le monde, dit Mentor

à Telemaque , (*L. 24.*) croyez peu de gens , gardez - vous de vous trop croire vous-même ; craignez de vous tromper, mais ne craignez jamais de laiffer voir aux autres que vous avez été trompé.... Sur-tout foyez en garde contre votre humeur , c'eft un ennemi que vous porterez par-tout jufqu'à la mort , il entrera dans vos confeils , & vous trahira fi vous l'écoutez.

Dans l'homme d'Etat , la qualité la plus néceffaire , c'eft le fecret , après la probité. Rien ne contribue tant à l'heureux fuccès d'une entreprife , que le fecret qu'on y garde. On a qualifié de maximes politiques , des fentiments dignes de l'horreur du genre humain.

Hobbes & Machiavel font entrer dans l'art de gouverner , la fineffe , les artifices , l'injuftice , l'irréligion ; ils ne regardent l'homme que dans le civil , ils y rapportent tout , même la Religion. Machiavel dit prefque par-tout ce que les Princes font , & non ce qu'ils devroient faire : il a rendu fon nom odieux par les plus pernicieufes maximes. Amelot traduifit le Prince de Machiavel , & en foutint les maximes , plutôt dans l'intention de débiter fon Livre , que dans celle de perfuader : il parle beaucoup de raifon d'Etat , mais un homme qui n'a pas eu le fecret de fe tirer de la mifere , entend mal à mon gré la raifon d'Etat.

Jupftelipfe approuve la doctrine de Machiavel : Jupftelipfe né Catholique , devenu Luthérien , puis Calvinifte , & enfin redevenu Catholique , ne paffa jamais pour un homme religieux , malgré fes très-mauvais vers pour la Vierge. Son gros Livre de Politique eft le plus méprifé de fes ouvrages , quoiqu'il foit dédié aux Empereurs , Rois & Princes.

» Plût à Dieu , dit Jupftelipfe , que » Machiavel eut conduit fon Prince au » Temple de la Vertu & de l'honneur , » mais en ne fuivant que l'utile , il s'eft » trop écarté du chemin royal de l'hon- » nête ».

Amelot s'efforce à prouver que Machiavel n'eft point impie : un homme donne des leçons d'affaffinat & d'empoifonnement , & fon traducteur ofe parler de fa dévotion. Amelot dit que Machiavel haïffoit la tyrannie ; fans doute tout honnête homme la détefte : mais il eft bien lâche & bien affreux de la détefter

F vj

& de l'enseigner. Si Emile est destiné au maniement des affaires , il doit lire & méditer la Politique tirée des propres paroles de l'Ecriture-Sainte , par M. Bossuet , *in*-4°. à Paris, chez Cot , 1709. & *in*-12. chez Mariette , 1714. On y trouve tout ce que les Histoires Sacrées & Profanes ont de plus propre à faire connoître à un Prince les régles & les principes du gouvernement le plus sage & le plus parfait. On peut joindre à cet ouvrage , la Politique d'Aristote , & les Livres de la République de Platon.

Grotius , Puffendorff & plusieurs autres ont recherché les principes sur lesquels la Société est fondée : M. Barbeyrac a traduit ces deux ouvrages. On trouvera aussi les principes d'une saine Politique , dans ce que Doria a écrit sur le même sujet : *La Vita Civile distincta in tre parti , adgjiuntovi un Trattato della Educazione del Principe , 2. Ed. Autore corretta. Ed. accresciuta* , Ausbourg , 1710. *in*-4°.

Thucydide entend très-bien la Politique.

Polybe est autant instructif pour l'art de gouverner, que pour celui de la guerre.

Tacite a été le guide des plus grands

Politiques. On peut lire les Remarques d'Amelot de la Houssaie , & ses Discours sur cet Auteur.

La Bilancia Politica di Trajano Bocalini, 1678. 3. vol. *in-4°*. Bocalini a fait des Remarques curieuses & sensées , sur Tacite ; il les appuie d'une infinité d'exemples , tirés de l'Histoire Universelle : il y a des choses libres & hardies , elles ont été corrigées ou adoucies par du May.

Il pourroit lire & consulter les Lettres du Cardinal d'Ossat , avec des notes historiques & politiques , par Amelot de la Houssaie , 5. vol. *in-12*. à Paris , 1732.

Les Lettres du Chevalier Temple , & autres Ministres d'Etat , par Jonathan Swift , *in-12*. à la Haie , 1700.

ARTICLE XVII.

De la Connoissance des Hommes.

C'EST négliger une chose très-utile , que de ne pas entretenir les jeunes gens de la nécessité de connoître les Hommes : c'est une des connoissances des plus utiles pour notre conduite & pour notre fortune. Un homme prudent eſt à l'égard des autres, comme un Maître qui connoît tous les reſſorts d'une machine, & qui les ſçait faire jouer comme il veut, pour en tirer ſon plaiſir & ſon avantage : nous devons nous en defier. Le monde, tel qu'il devroit être, ſeroit plein de Vertus ; mais tel qu'on le voit, il eſt plein de malignité. Les hommes, dit Timon le Miſantrope, ne valent pas la peine que je leur faſſe du bien, non... Mais je mérite moi de leur en faire.

Les Livres ne procurent qu'un entretien mort, la Société ſeule peut en ranimer les couleurs, & les faire revivre : la lecture eſt la gravure, la Société le tableau. Dès qu'Emile ſera en état de connoître les hommes, il doit ſonder la profondeur des caractéres, développer les replis du cœur humain, & éviter ſur-tout la mauvaiſe compagnie : il ne doit pas juger mal des hommes en particulier, mais il doit les connoître.

Henri IV., le meilleur Prince qui ait jamais régné, connoiſſoit parfaitement combien la fréquentation des hommes corrompus eſt pernicieuſe. Il apprit que

le Maréchal de Biron, (que ce grand Roi
difoit qu'il préfentoit à fes amis & à fes
ennemis,) voyoit un homme nommé
Laffin, Gentilhomme Bourguignon, &
le plus traitre qu'on ait jamais fçu trouver dans toute la France, il eut la bonté
de dire plufieurs fois à ce Maréchal : *Ne
Laiffez point approcher cet homme de vous,
c'eft une pefte, il vous perdra ;* ce qui
arriva peu de temps après : il en coûta
la vie au Maréchal, pour n'avoir pas
fuivi les fages confeils du Roi fon Maître.

***

ARTICLE XVIII.

De la Connoiffance de foi-même.

C'EST la fcience des fciences, fans
laquelle toutes les autres ne peuvent fervir de rien : de quoi fert-il de
fçavoir tout, & s'ignorer foi - même ?
» Commencez par la connoiffance de
» vous-même votre étude, « dit S. Ber-
nard, » c'eft en vain que vous étendez
» votre connoiffance aux chofes qui vous
» font étrangeres, en vous oubliant vous-

» même. De quoi vous sert-il de gagner
» tout le monde, si vous vous perdez ?
» Quelque sagesse que vous ayez, si
» vous n'êtes sage par vous-même, la
» plus grande partie de la sagesse vous
» manque ; & pour mieux dire, toute
» la sagesse. Quand vous auriez une par-
» faite connoissance de tous les mysteres
» de la Foi, si vous ne vous connoissez
» vous - même, vous êtes semblable
» à celui qui bâtit sans fondements, &
» qui, au lieu d'un solide édifice, ne
» fait qu'un bâtiment ruineux ». Il arri-
veroit à Emile, s'il négligeoit cette connoissance de lui-même, comme à ce
Philosophe, qui, étant attentif à con-
templer les Astres, tomba dans une fosse
profonde, & se rendit la risée des spectateurs.

Connois-toi toi-même, dit un ancien
Philosophe, avant d'étudier les autres.
En venant au monde nous nous ignorons.
A mesure que notre connoissance se dé-
veloppe, nous nous appercevons que
nous marchons en quelque sorte dans les
ténébres ; de-là cette curiosité si naturelle
à l'homme : pour sortir de cette ignorance, nous devons étudier notre carac-

tére , nos paſſions , nos humeurs , nos défauts , l'imperfection de nos vertus ; chercher à nous gouverner & à réformer notre cœur ; laiſſer aux autres la liberté de nous dire leurs ſentiments , & de leur en témoigner notre reconnoiſſance.

ARTICLE XIX.

Des Converſations.

LE commerce des honnêtes-gens eſt à rechercher ; c'eſt le moyen le plus aſſûré de ſe rendre aimable , que de choiſir bonne compagnie. Emile doit ſe garder d'être incivil , rien ne donne plus à penſer qu'on ne ſçait pas vivre. Il eſt pourtant bon qu'il ſe reſſouvienne que c'eſt une grande incivilité , que d'être civil à contre-temps.

Il doit éviter d'être importun : lorſqu'on ſe rend importun , quelque mérite qu'on puiſſe avoir , on déplaît toujours.

Emile doit être humble ſans baſſeſſe , ſe montrer gracieux , honnête , obligeant à l'égard de tout le monde , ſans exception, souffrir les fâcheux. David se plaint de vivre avec les Habitants de Cédar, & la mort lui paroît préférable à la vie, il s'arme de patience, & se montre pacifique envers ceux qui haïssent la paix.

La conversation n'est pas un discours ou un seul ait droit de parler, & où les autres n'ont la liberté que d'écouter : c'est un entretien où chacun peut dire son sentiment. Parle-t-on du prochain, n'en parler qu'avec charité : Coré, Dathan & Abiron font un parti contre Moïse & Aaron, & ne parlent qu'avec mépris de leur personne & de leur ministére ; la terre s'entrouvre sous leurs pieds. De petits enfants sortis de la Ville, se raillent du Prophête Elisée ; en même temps, des Ours sortent du bois, & les mettent en piéces.

Qu'Emile mette un frein à sa langue ; la médisance est un vice impur dans sa source, dangéreux dans ses effets ; la raison l'improuve, la probité la condamne, & la Religion la déteste : il faut être un démon pour l'inventer, un Saint pour la souffrir & un Ange pour l'éviter. Le Cardinal de Richelieu, l'homme du monde le plus sensible aux coups de lan-

gue , ne retint ſi long-temps M. de Baſ-
ſompiere à la Baſtille , que parce qu'il
étoit ſûr que ce Maréchal ne plaiſante-
roit plus à ſes dépens , tant qu'il ſeroit
entre l'enclume & le marteau.

La converſation ſe fait entre trois
ſortes de gens , avec des inférieurs ,
avec des égaux , ou avec des perſonnes au deſſus de nous.

Avec des inférieurs , il n'en coûte pas
beaucoup , on eſt maître de la converſation , on la ſoûtient avec eſprit & facilité.

Avec nos égaux , il faut leur faire
paroître plus d'eſprit que nous n'en avons
nous même.

Il eſt difficile de la ſoûtenir avec
ceux qui ſont au-deſſus de nous. Il faut
parler à propos , & non pas trop ſça-
vamment , s'il veut paroître plus éclairé qu'eux. Il bleſſe leur amour propre ,
& il leur devient incommode , avoir
toujours une grande douceur avec tout
le monde , l'air aiſé , les manieres honnêtes & obligeantes : les loix de la converſation ſont de paſſer légérement d'un
ſujet à un autre , il faut beaucoup d'eſprit , une vivacité bien diſcrete , & ſur-

tout une grande prudence, ce qui n'eſt pas ſi aiſé qu'on penſe.

ARTICLE XX.

De la Politeſſe.

LA vraie Politeſſe eſt propre aux ames délicates de toutes les Nations, & n'eſt point attachée à aucun Peuple en particulier, la ſociété extérieure n'eſt que la forme établie dans les différens pays, pour exprimer cette Politeſſe de l'ame. La civilité préférable aux autres, eſt celle qui eſt la plus ſimple & la moins embarraſſante, elle rejette toutes les formalités ſuperflues, elle n'eſt occupée qu'à rendre la ſociété libre & agréable.

La vraie Politeſſe eſt une égalité d'ame qui exclut tout à la fois l'empreſſement & l'inſenſibilité. Elle ſuppoſe un diſcernement vif qui s'apperçoit d'abord de ce qui peut convenir aux différens caractéres ; c'eſt une douce condeſcendence qui ſçait s'accommoder au goût des autres , non pour flatter , mais pour apprivoiſer leurs paſſions ; c'eſt un oubli de ſoi-même qui cherche avec délicateſſe le plaiſir d'autrui , ſans faire appercevoir cette recherche , elle ſçait contredire avec reſpect , elle ſçait plaire ſans adulation. Elle eſt également éloignée & de la fade complaiſance & de la baſſe familiarité : c'eſt à un maître habile & poli à apprétier cette Vertu. Il jugera de ce qui peut convenir à ſon diſciple , pour qu'il puiſſe paroître dans le monde avec décence.

Bacon dit que la Politeſſe eſt le vêtement de l'eſprit , elle doit ſervir comme les habits de tous les jours , qui n'ont rien de trop recherché , & cachent les défauts du corps. Elle ne doit pas empêcher l'eſprit d'agir librement.

L'eſprit de la Politeſſe eſt une certaine attention , à faire que par nos paroles & par nos manieres , les autres ſoient contens de nous & d'eux-même.

Il faut qu'il n'y ait rien d'emprunté dans la Politeſſe , s'il y a quelque choſe d'étudié , elle perd ſa grace , elle n'eſt agréable qu'autant qu'elle eſt naturelle.

ARTICLE XXI.

Des Romans.

QUELLE honte pour la jeunesse d'être continuellement plongée dans l'yvresse des passions, & de n'avoir de goût que pour ce qui les flâte ou les nourrit, elle ne s'amuse qu'à des badinages, qu'à des productions bizarres & romanesques, qu'à des Romans qu'enfantent l'ignorance & le libertinage, qui offensent la pudeur & l'innocence, ils ne les lisent pas, mais ils les devorent, ils y trouvent l'image des passions de leur âge, ils prennent part aux évenements, se mettent à la place des personnages, épousent leurs sentiments & leurs foiblesses, suivent leurs mouvements pas à pas, & l'impression de cette lecture passant du cœur aux sens, les enflamme & les jette dans une yvresse dont la poursuite des mêmes plaisirs est le fruit le plus ordinaire : les Dames & les petits Maîtres aiment mieux nos nouvelles historiques & galantes que les Romans. C'eſt au public à juger lequel des deux goûts eſt préférable : parmi cette multitude de faits peu vrai-ſemblables & de proueſſes ridicules, on rencontre quelquefois des traits qui ne peuvent partir que d'une imagination brillante. Nos hiſtoriettes ſont plus dans la Nature , & elles ont outre cela un grand avantage ſur les Romans anciens; c'eſt qu'elles ſont compoſées avec beau-coup d'art : nous n'avons rien de mieux écrit en François que Zaïde , la Prin-ceſſe de Cléves , Pſyché , les amours de Catule & de Tybulle : dans les Ro-mans de l'Abbé Prevot , on y trouve des exemples frappans de reconnoiſſance , de dévouëment pour les parens , de zéle pour les amis , de tendreſſe & de fidé-lité envers les époux , en général : ſi ces ouvrages forment l'eſprit , ils corrom-pent le cœur , ſans nous entretenir des avantures du ſerail , d'amans captifs en Barbarie , des enlévements criminels , des voyages bizarres dans des pays ima-ginaires , le tout écrit d'un ſtyle vif & dévorant ; un Roman devroit être le tableau de la vie humaine , & l'on de-vroit avoir en vue de cenſurer les vices

& les ridicules qu'il est humiliant pour l'humanité de s'amuser de ces bagatelles. On cherche dans ces lectures l'amusement, & on y trouve les exemples du vice les plus dangereux. Quelque vivacité, quelque légereté de style qu'il y ait dans les ouvrages de cette nature, c'est toujours, ce me semble, degrader son esprit, que de s'occuper à les composer ou à les lire. Ces pompeuses chimeres accoutument tellement ceux qui les lisent à se nourrir d'idées romanesques, que les maximes les plus simples de la morale, & les principes les plus communs de la vie civile ne font presque plus d'impression sur eux.

ARTICLE XXII.

Des Mathématiques.

ELLES forment la justesse & la précision de l'esprit, elles devroient servir d'introduction aux autres sciences. Elles s'attachent à connoître les quantités & les proportions de la matiere,

tiere , elles ne confiſtent qu'en démonſtrations. Ses parties ſont la Géometrie ,
l'Arithmetique , l'Architecture civile &
militaire.

La Géometrie eſt une ſcience qui enſeigne à meſurer la quantité dans toutes ſes étendues , qui ſont la longueur ,
la largeur , la profondeur & la hauteur. La Géometrie rend l'eſprit juſte
en ne ſe ſervant que des figures ou
des démonſtrations évidentes & indu-
bitables. Les principes ſont ſi clairs &
ſi ſenſibles , que les enfans peuvent les
comprendre facilement.

Sans l'Arithmetique , l'Algébre & la
Géometrie , on ne peut rien découvrir
qui ſoit un peu difficile dans tous les
arts & dans toutes les ſciences auſquels
on en fait une application continuelle:
par conſéquent ces parties de Mathématiques ſont très-utiles à tous les états.
Emile devroit ſe borner aux éléments
théoriques & pratiques , au toiſé , aux
fortifications , & à la connoiſſance de
la ſphère pour le ſiſtême du monde.
On pourroit l'amuſer par les mecaniques ; par exemple , il faudroit lui faire
obſerver le mecaniſme des horloges ,

des montres de différentes manufactures, des machines hydrauliques, des moulins de diverses sortes & de tout ce qui sert aux arts mecaniques.

L'histoire naturelle ne demande à son âge que des yeux, de l'exercice & de la mémoire ; un maître doit éviter un trop grand détail, & sur-tout écarter le fabuleux que les naturalistes y ont mêlé trop souvent. L'Academie a fait imprimer la description des Arts : c'est un des plus beaux monuments que la génération présente puisse laisser à la postérité : il doit feuilleter ces Livres, en dessiner quelques figures. Emile pourroit commencer par les Recréations Mathématiques d'Ozanam, par les Elements de Géometrie & d'Algebre de M. Clairaut, il pourra se servir utilement du Cours de Mathématiques de M. Belidor, de l'Abrégé du Cours de Mathématiques de Wolff. Il contient ce qu'il y a d'essentiel dans toutes les parties de cette Science. Les Elements de Géometrie de M. Rivard, ils sont fort clairs & peuvent convenir aux personnes qui voudroient apprendre la Géométrie sans Maîtres.

ARTICLE XXIII.

Philosophie.

CHAQUE siécle a des traits qui le caractérisent. Un goût dominant pour la Philosophie, semble faire le caractere distinctif de l'âge où nous vivons. On a imprimé en 1762, chez Babuti fils, quai des Augustins à l'Etoile, & chez Brocas l'aîné, ruë St. Jacques au chef St. Jean, le vrai Philosophe ou l'usage de la Philosophie rélativement à la Société civile, à la vérité & à la vertu. Le vrai Philosophe passe une vie toujours heureuse & tranquille, s'il lui arrive quelque accident, il le supporte avec une fermeté semblable à celle d'un rocher contre lequel les flots viennent se briser, il trouve dans la Philosophie des secours qui tranquillisent son ame & adoucissent ses peines; il s'accommode au temps, & cede à la nécessité sans murmure. La prudence est son guide & sa régle, il se conforme aux bienséances, aux coû-

G ij

tumes & aux ufages. Il fe fait à tous
pour les gagner tous. Zèle, prudence,
modeftie, defintéreffement, humanité,
bienféance, indulgence pour les défauts
d'autrui ; telles font les qualités qui ache-
vent de former le caractère diftinctif
du Philofophe fociable.

La Philofophie a procuré aux hommes de très grands avantages ; elle leur
a infpiré l'amour des vertus & la haine
des vices ; elle a lié les fociétés, produit les mariages, inventé les loix, adou-
ci les mœurs : la Philofophie eft auffi
ancienne que le monde : Adam eut une
Philofophie infufe, & par le nom qu'il
donna aux animaux & aux plantes, il
montra la connoiffance qu'il avoit de
leurs propriétés.

Eufeve attribue à Abraham l'invention de l'Aftrologie & de la Science
des Caldéens.

Les fept Sages de la Gréce peuvent
être regardés comme les précurfeurs de
la Philofophie chez les Grecs. Les Rois
& les Princes fe faifoient gloire de les
confulter, de fuivre leurs maximes,
& les Villes, de recevoir leurs Loix. Les
Philofophes étoient fouvent employés

dans les affaires publiques. Xenophon, Capitaine, Hiſtorien & Philoſophe, fut diſciple de Socrate ; il devint le favori de Cyrus, qui diſputa le Royaume de Perſe à Artaxerces. Cyrus ayant été tué, Xenophon ramena de l'extrêmité de l'Aſie, les dix mille Grecs qu'il commandoit, & acquit, par cette belle retraite, une gloire immortelle... Platon deſcendoit, par ſon pere Ariſton, de Codrus, Roi d'Athênes ; & par ſa mere, de Solon, Légiſlateur d'Athênes : ce fut bien moins l'opinion de cette origine, que l'éloquence de ſes écrits, qui lui ont acquit le ſurnom de Divin.

Le ſeizieme ſiécle a été le plus éclairé de tous les ſiécles : le dernier a encore été plus loin ; il a critiqué l'ancienne Philoſophie, & en a produit une, qui peut paſſer pour nouvelle.

Les plus célébres Philoſophes du dernier ſiécle, ſont Galilée, Gaſſendi, Deſcartes, Bâcon, Hobbes, Paſcal, Boile, fils de Ricard Boile, Comte de Cork, en Irlande : il a enrichi la Phyſique d'un grand nombre d'expériences.

ARTICLE XXIV.

La Critique.

C'EST une Science conjecturale, qui apprend à bien juger de certains faits, & sur-tout des Auteurs & de leurs Ecrits ; il faut beaucoup de justesse & de netteté d'esprit. Les hommes sensés, dans tous les temps, en ont connu les principes & les régles : elle consiste à discerner le vrai du faux, le certain de ce qui est douteux, le probable de ce qui n'a aucune vraisemblance. On n'apprend rien sur la Critique aux enfants, on attend qu'ils aient l'esprit faux pour les redresser. Cet art, que la plûpart des hommes négligent, faisoit l'occupation d'un Scipion, d'un Philippe, Roi de Macédoine, d'un César, d'un Cardinal de Richelieu, quand il s'occupoit des moyens d'abaisser la Maison d'Autriche.

J'entends donc par la Critique, non cette Science à laquelle Origéne, Saint Jerôme & Eustochium se sont appliqués, & qui consistoit à corriger les fautes qui

s'étoient glissées dans les Livres Sacrés ;
mais cette Politique, cet esprit juste ,
ce bon sens, cette faculté de l'ame, par
laquelle nous concevons les choses &
nous jugeons ; cet art de nous servir de
notre esprit à propos, qui guida Turene ,
Sully & Catinat , & qui est si utile à tout
le monde.

L'autre Critique des Ouvrages, n'est
point à négliger. Emile doit suivre les
avis de M. Bailliet, qui nous dit que les
défauts qui empêchent de faire une bonne Critique , sont la précipitation , la
pédanterie, la chicane, la malignité ,
l'amour, la haine, l'amour propre ; il
éclaircit tout cela par des raisons judi-
cieuses , & par des exemples curieux.

ARTICLE XXV.

La Logique.

C'EST où aboutissent ordinairement
les études des enfants qui n'embras-
sent pas l'état Ecclésiastique , ou qui ne
veulent pas s'appliquer au Droit ou à la
Médecine.

On commence par la Logique, & on
ne peut pas leur donner un meilleur
conseil, que de bien étudier la Logique
de Port-Royal, & les premiers Eléments
des Sciences, imprimés à Paris, chez
Leonard, 1704.

La Logique de Wolf, Philosophe Allemand. Le P. Regnault, Jésuite, en a
aussi donné une en forme d'Entretiens.

Il est inutile de s'attacher à toutes les
questions de la Logique : la plûpart de
celles qu'on enseigne dans les Ecoles,
sont inutiles & n'aboutissent qu'à des
mots.

La Logique doit nous apprendre à
être justes, équitables & judicieux dans
nos discours & dans nos actions.

On ne rencontre pourtant que des esprits faux, qui n'ont presque aucun dis-
cernement de la vérité, qui s'appuyent
des plus mauvaises raisons, & qui en
veulent payer les autres. Il y en a qui
croient se faire un grand honneur, quand
ils ne se servent de ce que cette science
leur a appris, que pour embarrasser ceux
contre qui ils disputent, par des équivoques & des arguments captieux. Cette
méthode est indigne d'un Chrétien, qui

doit toujours avoir un grand refpect pour la vérité : quiconque a deffein de piper le monde , eft affuré de trouver des perfonnes qui feront bien-aifes d'être pipées ; & les plus ridicules fottifes rencontrent toujours des efprits auxquels elles font proportionnées.

De mille jeunes gens qui apprennent la Logique , il n'y en a pas dix qui en fachent quelque chofe , fix mois après qu'ils en ont achevé leurs cours : cela vient , de ce que les matieres font très-abftraites & très-éloignées de l'ufage : l'efprit ne s'y attache qu'avec peine , & perd aifément toutes les idées qu'il en avoit conçues.

L'efprit fournit les penfées ; l'ufage donne les expreffions : pour les figures & les ornements , on n'en a toujours que trop.

Ariftote nous a appris une voie propre à fe garantir des raifonnements des Sophiftes : c'eft la méthode du Syllogifme. C'eft un raifonnement de trois propofitions , dont la premiere fe nomme , Majeure ; la feconde , Mineure ; & la troifieme , Conféquence. Les deux premieres prifes enfemble , fe nomment prémisses. On dira peut-être que le syllogisme n'est pas d'usage dans les discours ; mais qu'on fasse attention aux entretiens familiers , on trouvera que ce n'est autre chose que des propositions tirées les unes des autres.

Mais il y a bien des obstacles à vaincre dans la recherche de la Vérité. La précipitation , l'impatience & la légereté nous font porter des jugements anticipés : il n'y a que la méditation qui puisse nous rendre habiles.

Pour ne pas se laisser tromper , il faut se former des idées claires & distinctes de la question , en examiner le nœud & la conséquence , en la séparant de tous les attraits qui l'environnent : voilà sur quoi il faut exercer la jeunesse. Je ne m'arrête pas à faire l'éloge de cette Science , qu'on ne peut assez louer , & à l'embellissement de laquelle les plus grands génies de notre Siécle se sont appliqués avec grand succès. Elle doit avoir pour but de régler l'esprit , & de le dresser à la découverte de la Vérité.

ARTICLE XXVI.

Sur la Maniere dont il faut se conduire, pour acquérir une solide Erudition.

IL y a une très-grande différence entre les Sciences, & les simples Connoissances.

Les simples Connoissances, telles que sont celles des Langues, de l'Histoire, de la Géographie, & généralement parlant, de tout ce qui dépend de l'expérience, s'acquiérent sans aucune action de la raison.

Il n'en est pas de même de la Science, la Science est une connoissance certaine & évidente des principes sur lesquels elle est fondée ; or, si ces principes sont faux, ils conduisent infailliblement à l'erreur : ainsi il faut toujours bien examiner quels sont les principes sur lesquels on prétend établir.

Ce n'est donc pas sur l'autorité de qui que ce soit, que nous devons fonder la

certitude des chofes que nous defirons
fçavoir ; c'eft dans nous-mêmes que nous
la devons chercher. Nous ne devons pas
confidérer , fi tels ou tels ont été de ce
fentiment fur ce qu'on nous propofe ;
mais ce qui nous paroît clair & évident.
Les Méditations Métaphyfiques de Defcartes , avec les Objections du P. Mar-
fene , font très-propres à faire naître
l'évidence dans nos idées. L'Entendement
de M. Locke , eft un très-bon Livre.

*Quelles font les facultés qui fervent à
acquérir la Science.*

Il n'y a que l'homme , à l'exclufion
des bêtes , qui foit capable de connoiffance : or , ces connoiffances peuvent
être confidérées , ou par rapport à nous ,
ou par rapport aux chofes qui font l'objet de nos connoiffances. Si nous les
confidérons par rapport à nous , nous
avons quatre facultés dont nous pouvons
nous fervir pour les acquérir : ces quatre
facultés , font , les Sens , l'Imagination
ou la Fantaifie , l'Entendement & la
Mémoire.

L'Imagination eft comme une table

excellente, fur laquelle doivent être mifes
toutes les idées, qui font comme les portraits tirés de chaque chofe, après la nature de nos fens. L'imagination & l'entendement, font les Peintres différens
qui peuvent travailler à l'Ouvrage de la
Science. Entre ces Peintres, ceux qui
font le moins capables, [qui font les
fens] font pourtant les premiers qui s'en
mêlent : pour notre imagination, elle
eft toute corrompue.

Le meilleur Peintre, qui eft l'entendement, vient le dernier ; encore faut-il
qu'il ait fait auparavant plufieurs années
d'apprentiffage, & qu'il fuive long-temps
l'exemple de fes Maîtres, avant qu'il ofe
entreprendre de corriger quelques-unes
de leurs fautes.

La vérité & l'erreur ne peuvent être
que dans l'entendement, quoique fouvent
elles aient leur fource dans l'imagination
& les fens, qui peuvent fe tromper.

Pour ce qui eft des Maîtres, encore
qu'il s'en trouve de très-habiles, ils ne
fçauroient néanmoins forcer notre efprit
à recevoir leurs raifons, jufqu'à ce que
notre entendement les ait examinées &
reçues ; & en ce fens, c'eft à lui à ache-

ver entièrement l'ouvrage. Ainsi on peut le comparer à un excellent Peintre , qui se seroit employé à donner les dernieres couleurs à un méchant Tableau ébauché par de jeunes apprentifs. Il auroit beau y corriger , tantôt un trait & tantôt un autre , & y ajoûter du sien tout ce qui pourroit y manquer, il ne pourroit néan-moins jamais si bien faire , qu'il ne restât toujours de grands défauts ; parce que dès le commencement le dessein en auroit été mal pris , les figures mal disposées , les attitudes mal entendues & toutes les proportions mal gardées.

Des choses qui doivent être l'objet de nos Connoissances.

L'on ne parle ici des choses , qu'autant qu'elles peuvent être comprises ; il est hors de doute, qu'on ne doit nullement s'arrêter à celles qui surpassent la capa-cité de notre esprit & de notre intelli-gence : & en effet, on ne doit pas se croire plus ignorant pour ne les pas sça-voir. Ces sortes de choses qui ne sont pas au-dessus de la portée de notre esprit , sont ou spirituelles , ou corporelles , ou composées de deux.

Pour ce qui eft des chofes purement fpirituelles , nous les connoiffons par elles-mêmes , & par une certaine lumiere que Dieu nous met dans l'efprit , fans l'entremife d'aucune image corporelle , qui paffe par les fens ; car l'on ne fe peut figurer une idée qui nous repréfente la connoiffance , l'ignorance , le doute , la volition , qui eft l'acte de la volonté.

Il y a auffi des chofes purement maté-rielles , que nous fçavons ne fe trouver que dans le corps ; telles que font par exemple , la figure , le mouvement , l'étendue.

Il y en a auffi de communes , qui par-ticipent de l'une & de l'autre nature , & qu'on attribue indifféremment à l'efprit & au corps , comme l'exiftence , l'unité , la durée , &c.

C'eft donc feulement , à l'égard de ces fortes de chofes qui tombent fous l'intel-ligence de l'efprit humain , que je dis qu'il faut garder une bonne méthode , pour en pouvoir acquérir la connoiffance.

Que faut-il faire pour acquérir la Science.

Il faut toujours garder une bonne

méthode ; c'eft-à-dire , fuivre des régles
certaines & infaillibles , qui conduifent
enfin l'efprit avec beaucoup de droiture à
la découverte de la vérité , afin qu'on ne
faffe aucun pas inutile ; mais qu'en aug-
mentant peu-a-peu en fes connoiffances ,
l'on vienne enfin à acquérir la Science
qu'on cherche , autant qu'on peut en être
capable durant cette vie.

Pour lent & pefant que foit un efprit ,
il n'y a point de Science à la perfection de
laquelle il ne puiffe arriver , pourvu qu'il
marche par degrés , & qu'il fe conduife
par ordre , en commençant toujours par
ce qui eft le plus aifé , & perféverant ; à
l'exception de très-peu de principes ,
dont l'expérience nous fait avoir une
entiere certitude : nous ne connoiffons
toutes les autres vérités que par déduc-
tion & par la comparaifon que nous faifons des unes aux autres.

Nous ne pouvons nous fervir que de
deux moyens pour connoître la vérité ,
qui font, l'expérience & le raifonnement;
c'eft-à-dire , l'action de l'efprit , par laquelle nous tirons une conféquence des
principes qui ont été avancés.

Toute la vie de l'homme ne fuffiroit

pas pour acquérir la connoiſſance de toutes les choſes qui ſont au monde ; & un honnête homme n'eſt pas auſſi plus obligé de ſçavoir le Grec & le Latin , que le Suiſſe & le Bas-Breton : il doit ſeulement prendre garde à employer ſon temps en des choſes honnêtes & utiles , & ne charger ſa mémoire que de choſes néceſſaires.

Quelle eſt cette méthode & ce bon ordre qu'on doit toujours obſerver dans ſes études.

1º. Il faut toujours commencer par les ſciences les plus néceſſaires & les plus capables de former l'eſprit & perfectionner le cœur.

2º. Ne s'appliquer qu'à une ſeule choſe à la fois , & la bien connoître ; car, comme , celui qui voudroit tout à la fois regarder divers objets , n'en voit aucun diſtinctement : ainſi celui qui par une ſeule application de ſon eſprit , veut en même temps penſer à diverſes choſes , ne ſe le remplira jamais que d'obſcurité & de confuſion.

3º. Il faut bien ranger les choſes auxquelles on defire s'appliquer pour en tirer quelques utilités.

Or, pour cela il faut développer les propofitions qui font obfcures , en les réduifant à d'autres qui foient fi claires que la feule vue nous faffe monter , comme par degrés , à la connoiffance évidente de celles où elles nous conduifent : agir autrement , c'eft vouloir monter fans échelle du bas d'une maifon jufqu'à fon comble.

Que faut-il faire pour concevoir nettement une vérité & une propofition.

1°. Il les faut féparer de tous les fens fuperflus qu'on peut leur donner , en s'arrêtant fimplement à ce que contiennent les termes , v. g. Si l'on demande quelle eft la nature de l'aiman , il faut tâcher de bien entendre ce que fignifie le mot de nature , & ce que c'eft que l'aiman.

Pour diftinguer les chofes claires d'avec celles qui font obfcures , & pour les bien ranger , il faut confidérer ce qu'il y a de plus général & de plus fimple , & voir comment les autres en dépendent , &

s'éloignent , & si c'est peu ou beaucoup ;
cela se fait en comparant les unes avec
les autres , & en mettant toujours au premier rang celles qui sont absolues &
indépendantes , parce qu'elles sont les
plus simples.

2°. On met les choses qui ont du rapport à d'autres , qui sont plus générales ,
plus simples & qui se tirent par conséquence ; par exemple , si l'on veut bien
connoître un effet , il faut en bien connoître la cause.

Il en est de même pour les conséquences qu'on tire d'une proposition ; ainsi ,
par exemple , si je suppose que le nombre six est le double de trois , il s'en-
suit infailliblement , que le double de
douze est vingt-quatre , & quarante-huit
celui de vingt-quatre ; parce que ce sont
les mêmes proportions , & ainsi je sçau-
rai la régle infaillible des proportions
qu'il faut induire dans toute sorte de
grandeur.

Quand dans l'examen d'une proposition , il se trouve quelques difficultés
qu'on ne conçoit pas , soit que la chose
soit d'elle-même difficile , soit à cause de
la foiblesse de l'esprit humain , il en faut

demeurer là , & ne pas faire des efforts
inutiles : il y a de la folie à vouloir porter sa curiosité sur ce que Dieu met au-
deffus de la portée & de l'intelligence de
notre efprit.

La raifon qui m'a fait dire ci-devant,
qu'il faut ranger les chofes pour acquérir
la fcience , c'eft qu'on ne peut & qu'on
ne doit acquiefcer qu'à celles qu'on connoît parfaitement , & fur lefquelles l'efprit ne peut former aucun doute ; car il
faut être convaincu , que ce n'eft pas fçavoir une chofe , que d'en douter le moins
du monde : or , l'on doute toujours , tandis qu'on ne fonde ce qu'on fçait , que
fur des raifons probables.

Ainfi l'on ne doit s'arrêter qu'aux objets dont notre efprit peut former une
idée claire & diftincte , & dont par con-
féquent il peut acquérir une Science certaine & parfaite.

Toutes les erreurs donc , où peuvent
tomber des gens qui ne font pas ignorans ,
ne viennent pas d'une conclufion tirée
des termes , mais de quelques expériences mal entendues ; fur lefquelles on a
fondé des jugements précipités.

Au refte , rien ne fert tant à rendre

l'esprit vif & prompt à examiner les difficultés des chofes , que de voir les recherches que les autres en ont faites ; faire
attention fur leurs raifons , & fur-tout
confidérer l'ordre qu'ils y ont gardé.

Les grands efprits font prompts & fé-
conds à trouver des raifons ; mais des
efprits ordinaires enchériffent fouvent fur
ce qu'ils ont trouvé : chacun doit tâcher
de fe bien connoître , & fe mefurer fur la
connoiffance qu'il a de fon génie.

Si je veux concevoir comment il arrive
quelquefois qu'une même chofe produit
des effets différens , tous contraires , je
jetterai les yeux fur une balance , où un
même poids abbat un des baffins , tandis
qu'il éleve l'autre ; fans avoir recours à
ce que difent certains Philofophes , que
la Lune échauffe par fa lumiere , en
même temps qu'elle refroidit par la qualité occulte qu'elle a.

ARTICLE XXVII.

Utilité de la Science.

LA Science corrige les défauts de l'esprit humain, qui se trompant lui-même sur ses véritables intérêts, s'attache plutôt à l'apparence & à l'opinion qu'à la vérité.

Les véritables Sçavants doivent regarder les belles maximes dont ils chargent leur mémoire, comme des régles de conduite, & travailler plus à former leur cœur, qu'à orner leur esprit.

La vraie Science, selon Isocrate, c'est de supporter avec tranquillité les événements de la vie, de conformer sa conduite à la situation où l'on se trouve, c'est de traiter les hommes avec justice & bienséance, de souffrir patiemment leurs injustices & leurs défauts, enfin, de ne se laisser, ni amollir par la volupté, ni accabler par la mauvaise fortune, ni ennyvrer par la prospérité.

On lisoit sur le Frontispice de la plus

ancienne Bibliotheque , qui eſt celle d'Oſymandias , Roi d'Egypte ,

REMEDES POUR LES MALADIES DE L'AME.

Nos études doivent nous apprendre à nous connoître : la connoiſſance de nous-même eſt préférable à toute la profondeur de la Science humaine.

La Science ne conſiſte pas à ſçavoir beaucoup, mais à faire un bon uſage de ce que l'on ſçait.

La fuite de l'oiſiveté eſt le plus ſûr préſervatif des vices : les traits de l'amour ſont émouſſés , & ſon flambeau eſt éteint par des occupations continuelles.

L'homme de Lettres goûte une félicité qu'il préfere aux plaiſirs tumultueux des paſſions.

L'étude inſtruit la jeuneſſe , & bannit le chagrin d'un âge avancé : elle eſt un ornement dans la proſpérité , & une conſolation dans la mauvaiſe fortune. C'eſt une reſſource aſſurée en tout temps, en tous lieux , à la ville ou à la campagne. Quelles ſatisfactions ? Quels charmes n'y a-t-il pas de s'entretenir avec les morts ?

leur commerce n'eſt ſujet à aucune iné-
galité ; mais les Sciences nuiſent plus
qu'elles ne ſervent , ſi on n'en ſçait pas
faire un bon uſage.

La Science entête un eſprit foible ,
comme les odeurs bleſſent un cerveau
délicat. *Evanuerunt in cogitationibus ſuis
& obſcuratum eſt inſipiens cor eorum.*

ARTICLE XXVIII.

La Métaphyſique.

ELLE eſt la connoiſſance des choſes
purement ſpirituelles , & qui ne tombent pas ſous les ſens. Elle nous apprend
juſqu'où l'on peut parvenir en fait de
raiſonnement , & où l'on doit arrêter ſes
recherches. Elle nous démontre l'exiſ-
tence de Dieu , ſes attributs , l'immor-
talité de notre ame , ſa diſtinction d'avec
le corps , malgré le lien incompréhenſible qui les unit. C'eſt elle qui nous montre la différence du juſte d'avec l'injuſte ,
& qui nous découvre dans les loix éter-
nelles de l'ordre , la baſe de toute la
Morale.

Morale. C'eſt elle , qui , nous aſſûrant qu'il y a des corps , & un Univers matériel , nous convainc , que Dieu l'a créé de rien , qu'il en eſt le premier moteur , & que par les loix du mouvément il y a produit , & il y entretient les innombrables merveilles qui y reluiſent de toutes parts ; & rien n'a plus favoriſé les rapides progrès du Pyrrhoniſme & du Matérialiſme dans notre ſiécle , que l'oubli où tombe de nos jours cette Science ſi mal connue , ſi peu goûtée , de ceux-là même qui en devroient mieux connoître le prix. L'affectation de certaines gens , à décrier la Métaphyſique , ne fait que trop ſoupçonner leurs ſentiments & leur penchant pour ces hommes , qu'on doit regarder comme les peſtes de la Religion & de la vraie Philoſophie.

Je joins le Matérialiſme au Pirrhoniſme , parce que ces deux folies ont enſemble une liaiſon intime : en effet , quand on doute , ſi la matiere n'eſt pas capable de penſée & d'action , proprement dite , s'il n'y a point en elle de propriétés inconnues , qui la rendent cauſe du mouvement , du ſentiment , on peut alors hardiment douter de tout.

Tome I.   H

Plus on fera, dit M. Formei, [écrivant à M. Daguesseau] de progrès dans la Métaphysique, plus on augmentera la certitude des vérités fondamentales de la Philosophie & de la Religion. Nous ne sommes certains que de ce que nous sçavons ; nous ne sçavons que ce que nous sommes en état de démontrer ; & nous n'avons d'autres principes universels de démonstrations, que ceux de la Métaphysique : à mesure que nous les éleverons à un plus haut degré d'universalité, nous rendrons nos raisonnements plus évidens, & nos preuves plus inébranlables.

Il n'est besoin de donner à Emile que deux Livres pour l'étude de la Métaphysique ; l'un est l'Abrégé de l'Essai Philosophique de Locke sur l'entendement humain. Mr. Wine, depuis Evêque de S. Asaph, est Auteur de cet Abrégé ; il a été traduit de l'Anglois par Borset, on le trouve à Paris chez Boudet. L'autre Livre est le Traité de la connoissance de Dieu & de soi-même, de Mr. Bossuet. Le premier Chapitre traite de la connoissance de l'ame ; le second de la connoissance du corps ; le troisie-

me de l'union de l'ame avec le corps;
le quatrieme de Dieu, Créateur de l'ame
& du corps , & Auteur de leur union ;
le cinquieme de la différence de l'homme & de la bête. Comme de simples
lectures ne suffisent pas, les Maîtres doivent lire avec attention la Recherche
de la Vérité , du P. Malebranche ; les
Méditations Métaphysiques de Descartes.
Ce Philosophe approfondit infiniment
ces matieres.

ARTICLE XXIX.

La Morale.

C'EST la science des mœurs; elle nous
fait connoître le bien & le mal ;
nous apprend à régler nos passions pour
être heureux, & à les rendre utiles à
la société pour laquelle nous sommes
nés ; elle renferme la Politique & la
Jurisprudence , la connoissance de l'homme & de ses devoirs. Emile doit en
faire une étude sérieuse & profonde ;
il doit la regarder comme le fondement

de la Prudence & de la fage Politique : c'eſt la Science la plus importante, & elle eſt autant qu'aucune autre fuſceptible de démonſtrations.

Les Peres de l'Egliſe qui ont ſi fort blâmé la plûpart des Philoſophes, ont été cependant les Apologiſtes de Socrate. Ceux-là donnoient tout leur temps à mille ſpéculations curieuſes & purement inutiles ; celui-ci au contraire, qui mérita le glorieux ſurnom de ſage, n'avoit principalement travaillé qu'à régler les mœurs, & qu'à apprendre la maniere de bien vivre. Toutes ſes études & tout ſon travail n'avoient d'autre but, que de fournir aux hommes des régles ſolides & des moyens efficaces pour parvenir à la vertu, & conſéquemment au bonheur.

Il faut accoutumer Emile à étudier, réflechir & ſe former des régles ſur les premiers principes de la loi naturelle, pour les appliquer enſuite aux cas particuliers de l'obligation où nous ſommes de rendre au Créateur un tribut d'hommage & d'amour ; de ne point faire aux autres ce que nous ne voudrions pas qu'on nous fît à nous-mêmes : combien

peut-on inférer des maximes & des régles qui trouvent souvent leur application dans le cours de la vie ? Ce sont
précisément ces connoissances qui forment la science des mœurs. Émile pourra s'appliquer à réduire les préceptes
en pratique ; ou plutôt, avant que de les
lui faire étudier, il faut le former aux
actions vertueuses. C'est dans un âge tendre où l'on peut facilement plier les hommes ; les habitudes n'ont guere moins
de force que les impressions de la nature. L'Evangile est la source la plus pure
où l'on peut puiser la Morale. Je conseille à Emile de lire la Philosophie
Morale de Muratori. Ciceron, dans son
Livre des Offices, donne les principes
d'une vertu très-austere ; il fera bien
de lire les Devoirs de l'Homme & du
Citoyen, par Puffendorf : les principes
formés de bonne heure dans l'esprit,
produisent tôt ou tard leur effet. Émile
perfectionnera ses connoissances, quand
il sera avancé en âge, par l'Abrégé de la
Morale de Wolf ; par Thumisius, qu'on
enseigne dans les Ecoles d'Allemagne ;
par la lecture de Nicole ; de l'Esprit
des Loix ; de l'Abbé de St. Pierre ; de

l'origine des loix & des sciences par
Mr. Goguet. Mais me dira-t'on , où
trouver le temps pour faire de si longues études ? Les grands Docteurs l'ont
bien trouvé : Saint Augustin étoit continuellement occupé à terminer des procès , à consoler les affligés , à régler
son Diocese , & cependant il a tant lu ,
il a tant medité , il a tant écrit : on a
du temps quand on le régle , quand on
en fait un bon usage.

ARTICLE XXX.

La Physique.

LA cause du dégoût qu'on a de la
Philosophie , est la barbarie qui
regne dans les Ecoles ; on sort de l'étude de la Rhétorique , on se jette immédiatement dans des questions barbares : pour rémedier à ce mal , il faudroit parler de la Philosophie avec pureté & s'attacher aux questions essen-
tielles.

On méprise aujourd'hui la Physique

fyſtématique, comme frivole, ſtérile, jeu d'eſprit, où il n'y a que ténébres, fantômes & incertitude. On s'attache à la Phyſique expérimentale : & en effet la Phyſique n'eſt le plus ſouvent qu'un eſſai d'opinions & de conjectures : *Mundum tradidit diſputationi eorum, ut non inveniat homo opus quod operatus eſt Deus ab initio uſque ad finem.* Eccl. ch. 3. ℣. 11.

Deſcartes, dans ſon Traité de la Lumiere, a la ſincerité de convenir qu'un ſyſtême de Philoſophie eſt un Roman & une Fable, mais il ſe contredit, tom. 2. ep. 37. en diſant qu'il croiroit ne ſçavoir rien en Phyſique, s'il ſçavoit ſeulement expliquer comment les choſes peuvent être, ſans prouver qu'elles ne peuvent être autrement : preſque tous les Philoſophes ont ignoré cette nature dont ils prétendent expliquer les opérations ; quelle vaine préſomption ! quel orgueil déteſtable dominent ces prétendus eſprits forts ? Ils ne veulent rien croire que ce qu'ils peuvent comprendre, & que peuvent-ils donc comprendre ? Toute la nature n'eſt-elle pas un myſtere incompréhenſible ?

H iiij

Que de termes embrouillés & obfcurs dans l'ancienne Phyfique ! Que veulent-ils dire avec fes propriétés fpécifiques, fes qualités occultes, fes formes fubftantielles ? &c. L'ancienne Phyfique donnoit des paroles pour des raifons. Defcartes, dans fes Méditations Métaphyfiques, défie les Péripateticiens les plus zélés de montrer aucune vérité qui ait été déduite des principes.

Monfieur de Fontenelles, Pluralité des Mondes, premier foir, fuppofe que les anciens fages ; un Platon, un Pythagore, un Ariftote, fuffent à l'Opéra & viffent le vol de Phaëton ; l'un d'eux diroit, c'eft une vertu fecrete qui enleve Phaëton ; l'autre, Phaëton eft compofé de certains nombres qui le font monter ; l'autre, Phaëton a une certaine amitié pour le haut du Théatre : il n'eft point à fon aife quand il n'y eft pas ; l'autre, Phaëton n'étoit pas fait pour voler, mais il aime mieux voler que de laiffer le haut du Théâtre vuide.

Jamais un Philofophe n'a préfenté un fyftême, qu'il n'ait trouvé autant d'adverfaires que de fectateurs.

L'Ecole eſt partagée entre trois ſortes de Philoſophes ; ſçavoir, les diſci-
ples d'Ariſtote, ceux de Deſcartes & ceux
de Newton : les Newtoniens traitent
l'hypoteſe de Deſcartes de ſuppoſitions
illuſoires, d'imaginations chimériques,
de Romans philoſophiques, ingénieux,
ſans vraiſemblance. Ils ne détruiſent,
dit M. Privat de Moliere, le ſyſtême
Cartéſien, qu'en ſubſtituant aux forces
mécaniques, des forces imaginaires : tout
n'agit que par attraction, le mouvement
des Aſtres ne ſe fait que par attraction,
l'applatiſſement de la terre aux poles,
& ſon élevation à l'équateur, n'ont leurs
cauſes que dans l'attraction ; ainſi que la
péſanteur & la chûte des corps, qui
ne ſont auſſi expliquées que par attraction ; enfin les métaux ne ſe diſſolvent,
& les ſels ne ſe fondent que par attraction. Qu'eſt-ce donc que cette attraction ? C'eſt, ſelon les Newtoniens, une
propriété que Dieu a donné à toute la
matiere ; c'eſt une tendance d'un corps
vers un autre ; pour mieux dire, on
n'en ſçait rien. Les Péripatéticiens prétendent que tout ſe fait par impulſion ;
nous voilà révenus aux qualités occul-

tes , & le mécanisme n'a plus lieu dans
la nature. Ce système est fort à la mode ;
parmi les gens du monde , tout est mode ;
la Philosophie est assujettie à son empire.
Ceux qui entendent le moins Newton ,
& qui ne sont ni Géometres ni Physi-
ciens , sont ses plus entêtés Sectateurs.

Felix qui potuit rerum cognoscere causas.
Virg. Georg. II.

On doit commencer la Physique , par
étudier les Entretiens Physiques du P.
Regnault , Jésuite. Cet ouvrage suffit
pour les gens du monde ; si Emile a du
goût pour cette science , il doit lire les
Principes de la Philosophie de Descartes ; la Physique de Rohault : ce petit
Livre est une Physique complette , ex-
pliquée avec beaucoup d'ordre & de
précision ; les Institutions Physiques de
Madame la Marquise du Châtelet. Il trouvera mille observations curieuses dans
les Mémoires de l'Académie des Sciences ; dans les Transactions Philosophiques
de la Société Royale de Londres ; dans
les Journaux & les Mémoires périodi-
ques ; les Expériences de Poliniere , ou

de l'Abbé Nolet : il y a mille chofes curieufes qu'un Maître habile doit lui faire remarquer. La Phyſique eſt une véritable Théologie naturelle, qui nous met devant les yeux le fpeſtacle de la nature que nous devons étudier.

ARTICLE XXXI.

De la Gazette.

DANs l'éducation des jeunes gens, il ne faut rien négliger ; c'eſt fouvent par les moyens les plus communs qu'on les mene à la connoiſſance des plus grandes chofes.

La Gazette vous apprend la Géographie, la Politique, les intérêts des Princes, le fecret des Cours, les mœurs & les coutumes de toutes les Nations du monde. La plus grande utilité qu'on en puiſſe tirer quand on la confulte, eſt de voir la date de chaque événement. Il ne faut pas trop fe fier à ce qu'elle dit, foit que les mauvaifes correfpondances, soit que des raisons d'Etat, l'empêchent de dire la vérité. Les nouvelles donnent de l'agrément à la Société, & Emile en peut dire, pourvu qu'il les tienne de bon lieu.

Régles pour la conduite de la Vie.

Je croiois avoir rempli mon objet ; des gens éclairés m'ont conseillé de donner des Régles de conduite : on a tant fait de Livres sur cette matiere, je les citerai ci après.

MAXIMES.

On doit user de douceur & de patience envers les domestiques, les regarder comme des hommes assez malheureux par le sort, qui les oblige à servir d'autres hommes. On doit adoucir leur condition par des traitements favorables.

On doit être honnête, gracieux, obligeant envers tout le monde, sans exception de personne.

Refléchir sur ce qui peut plaire ou offenser, n'ouvrir jamais la bouche pour

parler des Souverains, fi ce n'eft en
bien.

N'affecter jamais des airs dédaigneux
& pleins de fierté, écouter beaucoup,
fe défier de fa raifon, ne fe piquer jamais d'avoir de l'efprit, faire paroître
tant qu'on peut celui des autres, écouter ce qu'on dit & répondre à propos.

Avoir des égards & des attentions
pour le fexe ; les manieres & les difcours
libres, ont quelque chofe qui approche
fouvent de l'impertinence : éviter cet air
folâtre, ce continuel badinage, ces
douces fadaifes, ce manege de ruelle,
de bonnes fortunes, ces faux airs que les
petits maîtres copient les uns d'après les
autres.

Eviter de parler de fa nobleffe, n'ou-
blier jamais, que la nobleffe confifte
dans la vertu, à avoir des mœurs & des
manieres plus polies que le refte des
hommes. Nous defcendons tous d'un
même pere & d'une même mere.

Si Pater eft Adam, & Mater eft omnibus Eva,
  Cur non funt omnes nobilitate pares ?

La nobleffe ne devroit pas être plus

héréditaire que les Ordres de Chevalerie,
qui ne paſſent point du pere aux enfants,
& où chacun ne parvient que par la vertu
& le mérite. Juvenal dit qu'il ſeroit plus
avantageux d'être le fils d'un Therſite,
& avoir la valeur & la réputation d'Achille, que d'être fils d'Achille même, avec
toutes les mauvaiſes qualités qu'Homére
repréſente dans Therſite.

Miſerum eſt alienæ incumbere famæ.

Régler ſa dépenſe ſur ſes revenus, &
ſur ſon état ; éviter de prendre rien à
crédit chez les Marchands : payer comp-
tant, c'eſt le moyen d'avoir tout ce qu'ils
ont de meilleur, & de l'avoir à moindre
prix.

Ne point faire attendre les domeſtiques
& les ouvriers, pour payer leur dû ; ſe
faire repréſenter, & arrêter les comptes
réguliérement tous les mois : après la
Religion, l'étude de ce qui regarde les
ſoins domeſtiques & le gouvernement
intérieur de ſa maiſon, me paroît la plus
importante.

Fréquenter les gens ſages ; lire de bons
Livres ; ne mentir jamais ſur quoi que ce

foit : on fe garde plutôt des menteurs, que des larrons.

La patience eft la défenfe de l'ame & le miroir de la raifon : c'eft par elle que nous faifons une bonne fin ; c'eft ce qui nous confole dans nos malheurs.

Comme l'entrée d'un filet eft fort ai-fée, & la fortie très-difficile ; de même le chemin du vice eft fort aifé, mais le retour à la vertu, très-difficile.

Le monde ne fe foutient que par la fcience ; c'eft la fcience qui gouverne les Royaumes, & toutes chofes font foumi-fes à la raifon, que la fcience dirige.

Cogitando & orando pii plus proficiunt, quàm legendo : orandi tempus tota vita.

Vera oratio cordis eft, non labiorum : mater fanctitatis, fobrietas ; & ægritudi-nis, voluptas.

Amici multi : amicus nemo : amicum verum ne credas, nifi diù expertum.

Ubi benè, ibi patria : ubique Deus, ubique Cœlum.

Par-tout où d'autres font heureux,
On peut y bien paffer fa vie ;
Un homme fage & vertueux
En tout lieu trouve fa Patrie.

Vivere in totâ vitâ difcendum eſt : quòd magis mirandum , in totâ vitâ difcendum eſt mori.

Quælibet terra & virtutum mella ,
Et vitiorum venena
Habet ,
Peregrinemur ergò ut apes.

Ratione duci , pulchrum : fide regi , beatum.

Celui qui a reçu un plaifir d'un autre, s'en doit fouvenir , mais celui qui l'a fait ne doit pas le rappeller. *Ciceron.*

Il ne dépend pas de nous d'être heureux , mais il dépend de nous de mériter de l'être.

Vouloir toujours être feul , c'eſt ce qui s'appelle fe nourrir de fon propre cœur : l'unité eſt réfervée à Dieu feul ; l'homme eſt trop peu de chofe pour trouver de quoi fe contenter dans lui-même.

L'Amore carnale , obſervatione di vita, diminutione delle forȝe corporali , turbamento di cervello , e congregatione di malitie.

Omnis vita humana otium , aut negotium. Toute la vie de l'homme fe paſſe dans l'oifiveté ou les affaires.

O vita misero longa , felici brevis !

O vie trop longue pour les misérables, & trop courte pour qui est heureux ! Cette pensée est fausse , puisqu'on voit que ceux même qui sont malheureux ne craignent rien tant que la mort.

Livres pour la conduite de la Vie.

L'Art de plaire dans la conversation.

L'Honnête Homme de M. Faret. On a cru que ce Livre étoit une imitation abrégée du Courtisan , du Comte de Châtillon , & l'on a remarqué qu'on y trouve une petite histoire , où l'on n'a fait que changer le nom d'un Poëte Italien à celui de Malherbe.

Les Observations de M. Faret sont toutes nouvelles , & ont un autre tour que celles du Courtisan Italien.

L'Honnête Fille , par le sieur de Grenaille.

L'Ami des Filles , 1761. à Paris, chez Dufour.

L'Honnête Homme, par le P. du Bosc, Cordelier.

Les Conseils d'Ariste à Climene.

Les Entretiens d'Arifte.

La Fortune de la Cour contient des chofes remarquables, touchant le Duc d'Alençon, frere du Roi Henri I I I. & fur la fortune de Buffi d'Amboife.

La Fortune des Perfonnes de qualité, par M. de la Caillure, &c.

Il ne faut pas négliger les Livres qui traitent des mœurs & de la conduite de la vie dans le monde. Les Livres des Payens ne font pas à négliger : comme les Temples de leurs Idoles ont été confacrés au vrai Dieu, auffi leurs meilleurs Ouvrages peuvent être deftinés à l'ufage des Chrétiens, pour les porter au bien, fuivant les loix de la Philofophie & de la nature purifiée par la vraie raifon.

Les Vies des Hommes Illuftres, par M. Dacier : je préférerois celles qui font traduites par Amiot, mais la jeuneffe n'aime gueres ce vieux langage. La vie des fept Sages, par M. Gueret : Larrei nous a donné auffi la vie des fept Sages, & c'eft un de fes meilleurs Ouvrages. Les Offices de Ciceron traitent de tous les devoirs des hommes ; on y joindra fon Livre de l'Amitié, fes Tufculanes ; les Traités de l'Amitié & de la Gloire, par

M. de Saci ; celui de l'Amitié , par M.
Dupui. M. la Mothe le Vayer a fait un
Livre de la Vertu des Payens, où il montre clairement , que les anciens Philoſophes n'ont été ni impies ni ſuperſtitieux ,
comme pluſieurs ſe ſont imaginés. Boece,
de la Conſolation de la Philoſophie , peut
apporter des remedes aux plus grands
malheurs des hommes : on l'a traduit en
François.

CONSEILS POUR L'ETUDE.

On peut voir dans le Catalogue des
différentes Bibliotheques , les Livres qui
traitent de chaque matiere : cependant
il faut ſe borner à peu. *Multò ſatiùs eſt
paucis te Autoribus tradere , quàm errare
per multos.*

Il y a peu de gens qui liſent pour s'inſtruire ; la plûpart liſent en bâillant , par
curioſité , attendant l'heure d'un repas ,
d'une viſite à recevoir ou à rendre , d'une
aſſignation , d'une ſollicitation , d'un
Opéra , d'une promenade : l'heure venue ,
àdieu le Livre , & autant en emporte le
vent.

Quelque difficile que l'étude nous pa-

roiſſe, elle a des charmes : un beau naturel & l'application aſſidue ſurmontent
les plus grandes difficultés.

On ne réuſſit ordinairement que dans
les études pour leſquelles on a de l'ouverture & du génie ; & c'eſt de ces études
dont il faut faire ſon capital.

Il y a des connoiſſances générales qui
ſervent au commerce de la vie, comme
de ſçavoir bien parler ſa Langue, & poſ-
ſéder, au moins en gros, l'Hiſtoire, la
Géographie & le Blaſon : il y a des
connoiſſances attachées à de certaines
conditions, qu'il faut acquérir.

Il faut méditer ſur ſes lectures, uſer
de ſa raiſon : il eſt inutile de lire quand
on n'entend pas ce qu'on lit, quand on
ne l'examine pas aſſez pour en juger.

Je conſeille à mon cher Emile, de
réduire tout ce qu'il lit en maximes &
en régles, de les écrire ſelon l'ordre
qui lui paroîtra le plus facile & le plus
commode ; je n'ai garde de lui déterminer le choix des Livres, ni de lui fixer
le temps de la lecture, il y entre trop
d'humeur & du goût particulier.

DU CHOIX D'UN AMI.

Si vous ignorez, mon cher Emile, les devoirs de l'amitié, lisez le Lelius de Ciceron, le Toxaris de Lucien, le Traité de l'Amitié, de M. la Mothe le Vayer, celui de M. de Saci, & le Traité qu'en a écrit M. Dupui, ci-devant Secrétaire à la paix de Riswick, qui est très-propre à former les liens d'une amitié sage & raisonnable.

Rien n'est si doux dans la Société que d'avoir des amis ; rien n'est plus utile pour la fortune ; ce seroit ôter le soleil du monde, que d'en bannir l'amitié : les Romains nommoient les amis, nécessaires ; & l'amitié, *necessitas*, sur l'impossibilité morale de s'en passer.

Les vrais Amis nous consolent dans nos peines, nous soulagent dans nos besoins, nous soutiennent dans les affaires qui nous arrivent, nous ouvrent les portes à l'élevation, nous appuyent dans notre prospérité ; & enfin, par les louanges qu'ils répandent de nous dans le monde, ils établissent notre réputation, qui est la base de la fortune.

Avec des Amis, cher Emile, il n'y a

rien que vous ne puiſſiez eſpérer : jettez
les yeux ſur tous ceux qui ont été ou qui
ſont dans le cours de la faveur & de la
fortune, vous verrez qu'il n'y en a pas
un qui n'en doive le premier pas à un
ami, dont la protection les a introduits
& pouſſés. Le Cardinal de Richelieu,
pouſſé auprès du Roi Louis le Juſte, &
introduit dans ſes Conſeils par la Reine
Mere, devint premier Miniſtre; & ce
fut ſa faveur & la protection, qui ou-
vrirent la porte au Cardinal Mazarin, &
ainſi des autres.

La fortune n'eſt qu'un enchaînement
d'amis en amis, qui ſe reproduiſent &
ſe reproduiront continuellement. Dès
qu'on entre dans le monde, il faut s'appliquer ſans relâche à ſe faire des amis.
Il n'y a que deux choſes qui nous les
procurent, la complaiſance & les bienfaits; car nous ne ſommes plus dans un
ſiécle où la vertu toute nue & ſans appui,
attire la fortune ſur un homme de mérite.
On ne va point le déterrer chez lui, &
s'il n'eſt produit & prôné par des amis,
il languira dans ſon obſcurité, avec tous
ſes talents. Il ne dépend pas toujours de
nous de choiſir des amis; c'eſt ſouvent

le hafard & l'enchaînement des affaires
qui nous les produit ; & tel devient le
meilleur & le plus utile , auquel nous ne
penfions pas. Ne méprifez jamais , Emile ,
vos inférieurs ; mais liez-vous avec des
perfonnes de probité & qui foient au-
deffus de vous. On ne peut vous donner
une régle certaine pour le choix de vos
amis , ce qui dépend fort fouvent d'une
rencontre inopinée.

Contentez-vous donc des deux voies
que je vous ai indiquées ; fçavoir : la
complaifance & le bienfait. Malgré cette
complaifance extérieure , confervez toujours au-dedans de vous le caractére iné-
branlable d'honnête homme & de Chrétien ; & c'eft en quoi péche la lâche
flatterie de certaines peftes qui n'appro-
chent des Grands que pour applaudir à
leurs foibleffes , & les feconder dans leurs
mauvaifes inclinations. La prudence &
la pratique du monde vous enfeigneront
à faire ce difcernement. *Un fidele Ami
eft une forte protection , celui qui l'a trouvé a trouvé un tréfor.* Prov. de Salomon.

DES VOYAGES.

Les Voyages perfectionneront notre

Emile, s'il en sçait tirer les avantages qu'ils peuvent lui procurer, & se garder des inconvénients qui quelquefois s'y rencontrent. Il faut qu'Emile ait une aveugle obéïssance pour son Gouverneur, & celui-ci toute la douceur & l'honnêteté possibles pour son Eleve. Je les exhorte d'avoir un Itinéraire anticipé des lieux qu'ils se proposeront de parcourir, d'en étudier auparavant l'Histoire, apprendre la Langue du Pays ; & à l'égard des Antiquités, des Palais, des Eglises, qu'ils verront pendant la journée, étant retirés chez eux, ils écriront ce qui les aura le plus frappé : c'est ainsi que j'en ai usé dans mes voyages.

Le célébre Cardinal Quirini nous a appris, par son propre exemple, comment on peut voyager avec utilité : il parcourut une partie de l'Europe, avec ces yeux philosophiques qui découvrent les gens de mérite, & les véritables objets de curiosité ; il ne passoit point d'une Ville dans une autre, sans s'informer exactement du pays qu'il alloit voir, & il avoit toujours soin de se faire donner les noms & l'adresse de tous les hommes sçavans & singuliers : il seroit à propos qu'Emile suivît cette maxime. Les

Les Anglois font de tous les Peuples celui qui voyage le plus. Jofeph Hall, un des plus Illuftres Evêques d'Angleterre, a condamné l'ufage de voyager, avant l'âge où l'on peut tirer quelque utilité des voyages : on a de lui un Livre traduit en François, *Quò vadis*, ou Cenfure des Voyages, ainfi qu'ils font ordinairement entrepris par les Seigneurs & Gentilshommes d'Angleterre.

Notre cher Emile s'inftruira dans fes Voyages, de plufieurs chofes, que les Livres ne peuvent point apprendre. Un homme d'efprit a dit, qu'il en eft de celui qui voyage, comme d'une Riviere, qui devient plus confidérable, à mefure qu'elle s'éloigne de fa fource. Le Taffe, fur le point de finir fa Jérufalem Délivrée, difoit que fon imagination étoit épuifée, & qu'il avoit befoin de faire quelque voyage, pour la remplir de nouvelles idées. Tout ce qu'on voit en pays étranger, frappe bien davantage, excite plus la curiofité, & fixe autrement l'attention que ce qu'on poffede chez foi : en voyageant, on acquiert beaucoup d'ufage du monde, & quelque chofe de liant

& de flexible , qui nous rend agréables dans la Société.

La connoiſſance de ſon pays doit précéder celle des pays étrangers. A quoi ſert de connoître la Gréce , la Macédoine , le Peloponneſe , l'Eſpagne , l'Italie , l'Angleterre , & ignorer l'Hiſtoire de ſa Nation , ſes Loix , ſes Forces & ſa Puiſſance ? Il s'aſſujettira dans les pays étrangers aux mœurs & aux coutumes qu'il y trouvera établies ; peu-à-peu il s'y fera, il les comparera avec les ſiennes , & il verra que chaque pays a ſon uſage & a ſa raiſon , & qu'ils ont tous également leur autorité. M. l'Abbé Prevot nous a donné une traduction de l'Hiſtoire Générale des Voyages , qui eſt très-curieuſe & très-utile. Émile ne remarquera les ridicules des étrangers , que pour ſe corriger de ceux même qu'il pourroit avoir; & ne verra leurs vertus , que pour les joindre à celles qu'il a déjà puiſées dans la bonne éducation qu'il a reçue. Si ſa ſanté ne lui permet pas de voyager , il pourra s'en dédommager par la lecture des Voyageurs , dont le ſçavoir & la bonne foi ſont les plus accrédités ; tels que Tavernier , Chardin , Tournefort &

l'Histoire Moderne des Chinois , des Perfans , des Japonnois , compofée dans le même goût que l'Histoire Ancienne de Rollin , & vraifemblablement dans les mêmes vues. Il pourra profiter à peu de frais de leurs lumieres , fans courir les rifques , ni fouffrir les incommodités , auxquelles les Voyageurs font expofés. Les Jéfuites ont publié le Recueil des Lettres Curieufes & Edifiantes des Miffions étrangeres , à Paris , chez le Clerc. Ces Lettres feroient curieufes , fi elles nous apprenoient tout le manége des Jéfuites à l'égard du Patriarche Mezzabarba , mais elles ne feroient gueres édifiantes.

M. l'Abbé Boudelot nous a donné un Traité de l'utilité des Voyages : il feroit à fouhaiter que ce Traité fut auffi-bien dirigé que fon Hiftoire de Ptolomée Auletes , Roi d'Egypte , dont il a enrichi le Public. Les matériaux de fon Traité des Voyages font excellens , mais il y a peu d'ordre. Le Catalogue des Livres anciens qui ne font pas venus jufqu'à nous , & qu'un Voyageur habile pourroit découvrir dans quelque coin de Bibliotheque , ne fe trouve que là.

Cet Ouvrage parut en 1686., en 2. vol. *in-8°*. M. Baile & les Journaliftes des Sçavants en firent un extrait fort honorable. Un Auteur fameux par fes avantures, encore plus que par fes Ouvrages, M. l'Abbé Langlet, a dit, en parlant de cet Ouvrage, qu'il étoit extrêmement fçavant, mais qu'il ne parloit rien moins que de la maniere de voyager utilement. » Ce font, (ajoute-t-il) des remarques » très-curieufes fur les Talifmans, les » Antiquités, les Manufcrits; il y a même » un endroit fort fingulier, fur ce qui a » donné lieu à la Diplomatique du P. » Mabillon, qui n'a point été cité par » ceux qui ont écrit contre cette Di- » plomatique, mais qui mérite d'être » lû par fon importance. *Meth. pour étudier l'Hiftoire*, tom. 2. *Cat. des Hiftoires*, p. 327. *de la premiere Edition.*

Le but que vous devez vous propofer, mon cher Emile, dans vos voyages, eft de vous inftruire de vos devoirs, de vous perfectionner dans les Sciences, & vous rendre utile à l'Etat.

Les plus Grands Hommes ont aimé à voyager ; Charles V., Guftave Adolphe, Roi de Suede, la Reine Chriftine, Pierre

'Alexowits , Czar , voyagerent. Charles V. fut deux fois en Angleterre , deux fois en Afrique , quatre fois en France. Je vous conseille de commencer par l'Italie ; ce Pays est extrêmement agréable , il semble que la Nature ait pris plaisir de l'avantager par-dessus toutes les autres Provinces de l'Europe.

Les Montagnes qui semblent brûlées par la trop grande chaleur du soleil , & maudites de la Nature , par leur stérilité , sont pleines de précieux marbres de toutes les couleurs , leur pays abonde en tout ce que vous pouvez desirer. Voici les Observations que j'ai fait dans mes voyages.

DES PAPES ET DE L'ETAT ECCLÉSIASTIQUE.

On donne ce nom aux Etats du Pape. C'est un Pays où il y a plus de Montagnes que de Plaines ; l'air y est peu sain pour les étrangers. On y recueille abondamment du blé , du vin , des fruits & du foin ; le bois n'y est pas rare , & le gibier y est fort commun : j'ai vu à Rome des charrettes chargées de Sangliers &

d'autres venaifons. Les mœurs des Romains font très-louables, ils les pratiquent comme ils les enfeignent. On s'habille ordinairement de noir & fort modeftement; ils n'affectent point de paroître, fi ce n'eft en carroffe ; ils ont de belles livrées & de fort beaux chevaux; ils aiment les Médailles , les Statues , les Peintures. Ils comptent la premiere heure , au coucher du foleil ; leur jour dure vingt-quatre heures ; j'ai fouvent dîné à dix-huit heures , & je me fuis promené jufqu'à vingt-deux. Je ne ferai point à Emile une defcription de Rome ; je me contenterai de lui dire , qu'on ne peut refufer fon admiration à l'Eglife de St. Pierre : je n'ai vu encore perfonne qui y ait trouvé aucun défaut d'Architecture , de Sculpture ou de Peinture ; mais au contraire , les Cenfeurs trouvent généralement toutes les parties de ce vafte & magnifique Vaiffeau , des plus accomplies ; fes jours des mieux entendus ; & la richeffe de fes matériaux digne de l'art qui s'y eft fignalé généralement par-tout , & qui l'a porté au plus haut degré de perfection où il peut aller. Son majeftueux portique , dont 280. colomnes foutiennent les architraves , d'un

goût exquis , avec un nombre prodigieux
de Statues du meilleur cizeau moderne ,
forment un des plus admirables Cirques
qui ait jamais été à Rome. L'Obélisque
Egyptien qui régne au milieu de ce Cirque , deux belles Fontaines qui coulent
auprès de cet Obélisque , n'en font pas
les moindres ornements : plus de cent
autres colomnes de marbre servent à la
décoration de cet Obélisque.

L'Eglise de St. Pierre a 520. pieds de
long , & 380. de large ; elle est bâtie en
forme de Croix : le Temple de Salomon
n'avoit que 60. pas de longueur. On y
voit quantité de Tombeaux à la Mosaï-
que. Cet édifice a effacé tout ce qu'il y
a de merveilleux dans l'Antiquité. On n'y
voit que des Originaux, soit en Tableaux,
soit en Statues ; & son revenu est de plus
de vingt mille livres sterlin par an , qui ne
servent qu'à l'entretenir. Ce bâtiment a
coûté plus de cinquante millions d'or.

Dans l'Arsenal du Pape il y a pour
armer trente mille hommes , tant de
pied que de cheval ; & les armes sont
fort propres & fort nettes.

Le Colisée est une merveille. Deux
cents mille personnes pouvoient s'y pla-

cer fans confufion. Vis-à-vis le Capitole,
eft la fameufe Statue Equeftre de Marc-
Aurelle ; elle étoit autrefois dorée , le
temps en a enlevé l'or. Je ne vous parle-
rai point , mon cher Emile , des beaux
Palais , des belles Fontaines , des Tro-
phées de Marius, des Loix des douze
Tables gravées , du Tombeau de Caïus
Sextius , des Maifons de Campagne &
autres curiofités que vous pourrez vifiter;
je me contenterai de vous dire , que les
forces de terre du Pape ne vont pas à fix
mille hommes de troupes réglées, parmi
lefquels la Compagnie Avignonoife &
les Troupes Corfes tiennent un rang diftingué. La Marine eft compofée de quatre Galeres , de deux Frégates & de
quelques Barques armées. Les meilleures
Places , font Civita-Vechia , Ancone &
le Fort Urbain. Le Pape a 36. millions ,
dont la moitié provient du cafuel , comme , des droits d'Annates , des Bulles &
des Difpenfes : ce cafuel eft affermé.

L'Hiftoire des Papes eft curieufe &
intéreffante : il n'y en a aucune de bonne.
M. Bruis nous en a donné une , depuis
St. Pierre , jufqu'à Benoît XIII. inclufi-
vement. Cet Ouvrage eft très-dangereux,

in-4°. 5. vol. 1734. Il a beau dire qu'il
eſt Catholique-Romain , il étoit pour
lors Calviniſte & quelque choſe de pis.
C'eſt un Libelle ſcandaleux , & une Satyre violente , où l'Auteur tâche de ſaper
la Religion par les fondements , & d'en
détruire tous les dogmes ; c'eſt une com-
pilation de quelques méchans Livres ;
ce n'eſt qu'un tiſſu de fauſſetés , de mauvaiſes plaiſanteries & de ſaletés groſſieres. Il n'eſt pas ſurprenant , qu'un pays
où fourmillent les plumes mercénaires ,
& où la Preſſe fait vivre tant de libertins
miſérables , ait donné naiſſance à un Ouvrage ſi mauvais & ſi ſcandaleux.

L'Hiſtoire de François Ducheſne n'eſt
point exacte.

Dom Barthelemi des Martyrs nous en
a donné une en Latin , fort eſtimée.
Celle de Ciaconius contient des Recher-
ches curieuſes : elle contient la vie des
Cardinaux ; elle a été continuée & im-
primée à Rome , 4. vol. *in-folio. Alphonſi
Ciaconii Vita , & Res geſtæ Pontificum
Romanorum.*

FLORENCE.

Capitale de la Toſcane , & Demeure

de ſes Princes , qui prennent le nom de Grands Ducs. *Florentia* ou *Fluentia* , à cauſe que les Rivieres d'Arne & de la Maine ſe joignent en cet endroit. Totila, Roi des Goths l'ayant ruinée , Charlemagne la fit rebâtir. Elle contient cent mille ames : les Habitants ſont honnêtes, polis , ils font mille accueils aux étrangers. Trois Papes y ont pris naiſſance , Léon X., Clément VII. & Clément VIII. ; quantité de Cardinaux , d'Evêques & de Prélats ; le fameux Strozzi, Pétrarque , Dantez , Boccace , Politien , Americ , Veſpaſe , &c. Avant d'entrer dans le Palais , conſidérez un Hercule & un Cacus , de Bandinelli ; la belle Sabine enlevée , la Perſée ; des Medailles , des Lampes ſépulchrales , des Idoles , des Minéraux. On y voit les Portraits des plus fameux Peintres , une pierre d'Aiman qui levoit 50. livres de fer. Il y a une Statue de Brutus qui n'eſt point achevée , en voici la raiſon :

Dùm Bruti effigiem Sculptor de marmore fingit,
In mentem ſceleris venit & abſtinuit.

On voit un Diamant qui peſe 139. carats , une Antique de Jules-Céfar , faite d'une feule Turquoife , groffe comme un œuf ; une armoire pleine de Vafes d'Agathe , de Lapis , de Criftal de roche , de Cornaline , qui font garnis d'or & de pierres fines. Pour les Peintures , on n'y voit que des Tableaux choifis.

La Chapelle de Medicis eft un Ouvrage de Michel-Ange , à laquelle on travaille depuis cent ans ; elle a été commencée par le Grand Ferdinand : elle eft de figure octogone , fort grande & fort exhauffée. Il y a fix fuperbes Tombeaux de Porphire , de Granite Oriental & d'autres Marbres des plus précieux. Sur chaque Tombeau il y a un grand Oreiller de Diafpre , enrichi de pierres fines de diverfes fortes ; on dit que chaque Oreiller coûte foixante mille écus , & fur chaque Oreiller , une Couronne de plus grand prix encore.

L'Ecurie du Prince eft une des plus belles & des mieux fournies de toute l'Italie ; il y a toujours 150. chevaux tous d'une beauté achevée.

Il y a quantité de bêtes féroces , & d'animaux rares venus des pays étrangers.

Emile fera bien de s'arrêter quelque

temps en cette Ville , & de prendre un Maître pour lui apprendre la Langue Italienne.

Lingua Toscana in bocca Romana.

La République de Florence fut souvent en guerre avec ses voisins. La Maison de Medicis , plus puissante que les autres par ses richesses , devint suspecte à la liberté , causa des divisions & des guerres intestines des plus sanglantes. Philippe Strozzi , Florentin , fut l'un de ceux qui conspirerent , après la mort de Clément VII. , pour souftraire leur Patrie à la domination des Medicis ; mais son successeur Cosme , poussa les conjurés avec tant de succès , que Strozzi , après la perte de la bataille de Marone , fut fait prisonnier , & se poignarda lui-même dans sa prison , après avoir fait son testament, & écrit avec la pointe de son poignard , sur le manteau de la cheminée de la chambre où il étoit enfermé, ce Vers de Virgile :

Exoriare aliquis noftris ex offibus ultor.

De son Epouse , Clarice de Medicis , niéce du Pape Léon X. , il eut Laurent

Strozzi , Cardinal & Archevêque d'Aix ; mort à Avignon ; Pierre Strozzi , Maréchal de France , & Lieutenant-Général de l'armée du Pape Paul IV. Il mourut d'une mousquetade au siége de Thionville. Le fils de Pierre étant tombé entre les mains du Marquis de Sainte-Croix , qui commandoit l'armée d'Espagne , fut tué de sang froid , contre les loix de la guerre & de l'honneur ; il fut jetté ensuite dans la mer.

Par les intrigues des Papes & par l'autorité de Charles V. , les troubles furent appaisés. Varillas a écrit l'Histoire secrette de la Maison de Medicis-Machiavello , [il y en a une traduction Françoise imprimée à Amsterdam , 1696. *in-12.* 2. vol.] à la Haye , *in-12.* 1685.

On l'appelle Florence la Belle. La Galerie du Grand Duc passe pour un chef-d'œuvre. De toutes les Eglises d'Italie , il n'y en a point de plus magnifiques pour l'extérieur , que le Dome de Milan & la Cathédrale de Florence. En face de la Cathédrale , est le magnifique baptistaire , dans lequel on entre par trois portes de bronze , si artistement travaillées , que Michel-Ange disoit qu'elles méritoient d'être les portes du Paradis.

Jean Gaſton fut le dernier de la Maiſon de Medicis , il vit de ſon vivant diſpoſer de ſes Etats ; quand il eut déclaré l'Infant d'Eſpagne ſon ſucceſſeur & ſon héritier , il dit qu'il venoit de faire un fils par un trait de plume , lui qui n'en avoit pu faire un en trente-quatre années de mariage. Jean Gaſton donnoit à tous les Pélerins qui alloient à Rome , un écu , leur faiſoit boire des liqueurs & les entretenoit des heures entieres.

NAPLES.

Il n'y a point d'Etat qui ait eſſuié autant de révolutions que le Royaume de Naples & de Sicile.

Tancrede de Hauteville , Gentilhomme Normand , conquit & fonda l'Etat de Sicile-Naples , par le moyen de ſes fils qui furent les chefs de cette expédition , ſur-tout Robert Guiſcar & Roger Boſſo. Roger , fils de Robert Boſſo , prit le titre de Roi de Sicile en 1129.

Vers 1194. la Maiſon de Souave régna en Sicile par l'Empereur Henri VI. qui épouſa Conſtance , fille du Roi Roger.

Charles d'Anjou , frere de St. Louis , appellé par les Papes , contre la Maison de Souave , vainquit & fit mourir Conradin , arriere petit fils d'Henri VI. , & régna en sa place.

En 1282. arriva le massacre des Vêpres Siciliennes. Pierre d'Arragon envahit la Sicile , qui a été possédée par sa postérité puînée masculine , finie au quatrieme Siécle , en Marie héritiere de Sicile ; elle en porta l'héritage à son mari , Martin d'Arragon , frere de Jean. Celui-ci avoit laissé deux filles , qui , selon les loix d'Espagne , auroient dû succéder à leur pere ; l'une mariée au Comte de Foix , dont la postérité a fini ; l'autre mariée à Louis XI. d'Anjou , Roi titulaire de Sicile & de Naples , dont la fille , Marie d'Anjou , fut mere de notre Roi Louis IX. , qui hérita d'elle à la mort des autres Princes de la Maison d'Anjou : ainsi , par sa mere , il eut sur l'Arragon un droit qu'il transmit aux Rois de France ses successeurs. Martin s'étant emparé de la Couronne , au préjudice de ses niéces , unit la Sicile à l'Arragon , ensorte que la maison d'Anjou n'eut plus que le Royaume de Naples.

Duras en 1382., puînée d'Anjou, régna à Naples, en la perſonne de Charles de Duras, adopté par la Reine Jeanne : elle adopta en ſecond lieu, Louis, de la ſeconde branche d'Anjou, fils du Roi.

Jeanne étant mécontente de Charles de Duras, le fit mourir ; mais Louis ſe rendant maître de Naples, la fit étrangle, & régna au préjudice de Louis d'Anjou.

Alphonſe V. Roi d'Arragon s'empara de Naples après la mort de la Reine Jeanne II., dite Janette, mere de Charles de Duras, laquelle l'avoit adopté ; mais elle avoit révoqué cette adoption, en faveur de Louis III. de la ſeconde branche d'Anjou, qui n'eut de cet héritage que la Provence ; Alphonſe V. gardant Naples, qu'il laiſſa à ſon fils naturel.

La maiſon légitime des Rois d'Arragon prit Naples une ſeconde fois. Ferdinand le Grand, Roi d'Arragon, neveu du Roi Alphonſe V., voulant ôter Naples à la branche bâtarde, fit un Traité avec Louis XII. Roi de France ; ils conquirent enſemble Naples, ſur le Roi Frederic qui avoit ſuccédé à Ferdinand II. ſon neveu. Ferdinand, Roi d'Arragon, s'empara bien-tôt de tout le Royaume : Frederic, obligé de se retirer en France, eut le Comté d'Anjou, & mourut à Tours. Sa femme Charlotte, fille de Gui de Laval, épousa François de la Trimouille : ils ont fait des protestations dans l'occasion des Traités de paix les plus importans de l'Europe.

Naples appartenoit autrefois à l'Empereur ; les Sarrazins s'en étant emparés, & le Pape Jean X. les en ayant chassés, Naples devint fief de l'Eglise.

Ce Royaume appartient à l'Espagne, qui paye tous les ans, par forme de redevance, une haquenée & une bourse, où il y a mille écus d'or. Ce Royaume est d'une grande importance à l'Espagne, fortifie son parti en Italie & elle en tire tous les ans quatre millions d'or. Le Royaume de Naples a quinze cents mille de tour, & quatre cents - cinquante de largeur.

Il a vingt Archevêchés & cent vingt-cinq Evêchés, deux millions d'ames, dix Principautés, vingt-deux Duchés, trente Marquisats, cinquante-quatre Comtés, & environ mille Baronnies. On l'appelle la Gentille.

On dit que les Officiers fuçent la Ville de Milan, qu'ils ruinent la Sicile, & qu'ils écorchent Naples. On a l'Hiſtoire de Naples, par Giannone ; les traits hardis qu'on y trouve, ont obligé l'Auteur à paſſer en pays étranger.

Il y a à Naples deux Académies de beaux eſprits ; l'une ſous le titre d'*Ardenti*, pour faire voir leur ardeur aux Sciences ; & l'autre ſous celui d'*Otioſi*, pour modérer la chaleur des autres.

Il eſt ſorti de Naples pluſieurs hommes ſçavans, trois excellens Poëtes : elle a fourni dix-huit Papes à l'Egliſe.

Tertulien appelle le Mont-Veſuve, *Fumariola Inferni*.

Naples a toujours paſſé pour une des plus belles Villes d'Italie. Aucun Auteur ne s'accorde ſur ſon origine : on prétend qu'elle a été bâtie par Hercule.

Sa ſituation au bord de la mer, ſur le penchant d'une agréable colline, reſſemble à une demi-lune plus longue que large. Ses Maiſons ſont couvertes en terraſſes, on s'y promene le ſoir pour prendre le frais.

Les plus grands Seigneurs ſont, M. le Comte de St. Eſtevan, M. le Duc de Sora, Majordôme, le Prince Corſini,

D. J. de la Miranda , M. le Marquis de Sobra. Emile ne manquera pas d'aller vifiter ces Meffieurs , d'aller voir les Couvents , les Eglifes & les Colleges.

Charles VIII. entreprit la conquête de Naples , il y avoit des droits , en qualité d'héritier de la Maifon d'Anjou. Ce Prince traverfa toute l'Italie , il fe trouva maître de Naples , fans avoir tiré l'épée. Le Pape Alexandre VI. difoit *Que les François étoient venus prendre Naples la craie à la main , comme des Fourriers.*

Le Pape , les Venitiens , l'Empereur , le Duc de Milan & le Roi d'Arragon , irrités d'un fuccès fi rapide & fi brillant, fe liguerent pour dépouiller le Vainqueur, qui deftina une partie de fes forces à la défenfe de fa conquête , & reprit la route de fes Etats avec le refte. Il exigea dans fa marche , des Florentins , qu'ils lui fourniroient de l'argent. Pierre Caponi , un de leurs Députés , fe trouvant avec fes Collegues , en préfence de Charles , où un des Secrétaires de ce Prince lifoit les conditions qu'on vouloit prefcrire , il arracha brufquement le papier des mains du Secrétaire , le déchira avec emportement , & élevant la voix : *Eh*

bien, dit-il, *faites battre le tambour, &*
nous nous sonnerons nos cloches ; voilà
ma réponse à vos propositions. Ce discours
hardi produisit un effet étonnant. Il n'auroit jamais eu cette audace s'il n'eût été
soutenu : il fut rappellé, & on lui accorda
des conditions modérées. Les François
échapperent d'un pays où ils étoient en-
trés en maîtres. Charles s'arrêta à Lyon ;
il s'amusa si fort avec les femmes, qu'oubliant les siens qu'il avoit laissés en Italie,
il les laissa perdre, & Royaume, Villes &
Châteaux, qui tenoient encore & lui
tendoient les bras pour avoir secours.
Brantome.

Il y a à Naples deux Monts de Piété ;
sçavoir, la Banque de la Pitié, & celle
des pauvres Prisonniers. On y prête sur
gages, jusqu'à dix ducats sans intérêts,
& passé cette somme, on paye le six
pour cent par an : au bout de deux ans
& quelques mois, les Monts ont la liberté
de vendre les gages pour donner place
aux nouveaux. Dans les deux Monts on
y reçoit pour gages toute sorte de mar-
chandises ou nippes de soie, laine, lin-
gerie, or, argent, bijoux, cuivre, &c.
Ce qui peut se gâter par les vers, doit
se dégager avant l'an fini.

Il y a cinq autres banques où l'on prête de même, mais l'on paye le six pour
cent sans exception, ne donnant que
quatre jours de gratis, & l'on ne reçoit
pour gages qu'or, argent, & bijouteries.
Les Marchands ont dans toutes ces Banques leurs comptants, de même que la
Cour & les Propriétaires : chacun fait
ses payements par cette voie. Chaque
Mont ou Banque tient son Délégat,
Gouverneur, Tréforier.

Les trois Calabres abondent de bled,
de vin, d'huile, de soie & de cotton :
quantité de fainéants vagabonds s'y sont
établis, auxquels on a donné le nom de
Janniseri.

Naples est à l'extrêmité méridionale
de l'Italie vers l'Orient d'Hivert. Naples
est la Capitale du Royaume de ce nom.

Ceux qui ont quelque connoissance de
la Théologie Payenne, trouvent beaucoup à s'amuser du côte de Baye. On y
voit le Lac d'*Averne* ou Enfer ; la saleté
de son eau & la tristesse du lieu, sont
assez conformes à ce qu'en ont écrit les
Poëtes. Quant aux vapeurs infectes qui
en sortoient autrefois, & tuoient les oi-
seaux au vol, il n'en est plus question ;

les moineaux , les merles , les pies y peuvent planer à leur aise. On voit l'antre de la Sybille de Cumes ; ce qui reste est très-beau & bien percé. On m'a fait voir la Fontaine où la Sybille avoit coutume de prendre le bain : on admire les restes de ce Temple consacré à Apollon.

L'Abbé Mecati nous a donné en 1751. & 1752. un fort beau Traité Physique, dédié à son Altesse Royale Dom Philippe. Il explique très-bien les phenomenes du Mont Vesuve.

V E N I S E.

Venise fut fondée en 453. Le Senat de Padoue , qui gouvernoit par ses Consuls les Isles dont cette République a été formée , attira dans Rialto une partie des habitants des environs , en leur accordant un azile dans cette place. Attila , Roi des Huns , désolant toute l'Italie , obligea quantité de peuples à se réfugier dans cette place , & dans les autres Isles qui la composent, qui étoient au nombre de soixante & douze.

Rien n'est plus curieux que l'Histoire du Gouvernement de Venise , par Amelot de la Houffaie, Amfterdam, 1695. 3. vol. *in-12*. Elle eft un peu fatyrique, & a fort déplu aux Venitiens. Parmi les Hiftoires générales, celle de Juftiniani eft des plus eftimées.

Petri Juftiniani Patricii Veneti, rerum Venetarum ab urbe conditâ, Hiftoria, Libri 13. in-fol. Venetiis, 1560. C'eft la meilleure Edition, elle eft traduite en Italien. L'Hiftoire du Cavalier Nani, traduite par l'Abbé Tallemant. Pierre Bembo, Cardinal; Paul Paruta; André Mauroceni ont écrit l'Hiftoire de Venife.

Il y a des Hiftoires particulieres de l'Interdit de Venife, qui arriva fous Paul V. L'accommodement fut conclu en 1607. Le Cardinal de Joyeufe s'entremit pour accommoder cette affaire : il y eut plufieurs doctes écrits faits de part & d'autre fur cette conteftation, lefquels donnerent lieu d'examiner la queftion qui concerne la Jurifdiction Eccléfiafti-que & Civile, & les bornes de la Puif-fance Eccléfiaftique & Politique.

Les Vénitiens ne veulent point qu'au-cun de leurs Seigneurs poffede les terres d'un autre Seigneur : ils ne veulent pas même qu'il y ait plus d'un Cardinal dans leurs États ; & encore ils ne lui permettent pas l'entrée dans le Conseil , ni qu'il se mêle d'aucune affaire publique ; & pour plus contrequarrer le Pape , ils ont établi un Patriarche en Aquilée , pour les abfoudre de fes excommunications , en cas qu'ils encouruffent fon indignation.

GENES.

Ville & République fur la mer Méditerranée : elle eft bâtie en forme d'amphithéâtre , fur le penchant d'une petite montagne , avec un Golphe devant elle , qui va en fe retréciffant , en s'élargiffant enfuite , & en s'avançant vers la mer. Le coup d'œil de la ville eft très-agréable : la ville eft forte & belle. Le côté qui fait face à la mer , eft une fuite continuelle de Palais. L'étendue de la ville a bien fix mille ou environ. Les Maifons font ferrées les unes contre les autres & fort exhauffées , la plûpart peintes & de diverfes figures : les toîts font plats. La Cathédrale eft bâtie en marbre noir & blanc , ce qui fait un très-bel effet. L'Eglife de l'Annonciation eft l'édifice le plus gai & le plus magnifique

fique qu'il y ait : c'eſt un bâtiment vaſte, tout le toît eſt doré , les murailles ſont couvertes de peintures , les piliers ſont de marbre & bien travaillés. C'eſt une ſeule famille , appellée les *Lomellini* , qui a commencé & achevé cet édifice magnifique.

Son Golphe eſt fameux par ſes tempêtes & par la diſette de poiſſon. Il eſt probable que l'un eſt la cauſe de l'autre ; ſoit que les pêcheurs ne puiſſent pas ſe ſervir de leur art ; ou que le poiſſon ne ſe ſoucie guere d'habiter dans une mer ſi orageuſe.

Atrum
Defendens piſces hieme mare.
Hor. Satyr. 2. L. II.

On dit de leur pays , qui eſt ſec & montagneux :

Monte ſenza ligna , Mare ſenza peſce.

Genes n'eſt pas à l'abri du bombardement , quoiqu'elle y ſoit moins expoſée qu'autrefois. Depuis l'inſulte des François , ils ont bâti un môle , avec quelques petites fortereſſes , & ſe ſont pourvus de longs canons & de mortiers. Il eſt

Tome I.   K

facile à ceux qui font fur mer , de les faire venir où il leur plaît.

Les Genois paffent pour extrêmement adroits , plus accoutumés à la fatigue que le refte des Italiens , mais fourbes : c'étoit auffi le caractére des anciens Liguriens : *Fallaces Ligures.* Aufone.

Il y a quantité de beaux Palais : celui de Doria eft le plus beau par dehors , & celui de Durazzo le mieux meublé par-dedans.

Les Nobles font ordinairement habillés en noir & en manteau , & ne portent jamais d'épée. On traite le Doge de Sérénité , il ne demeure en charge que deux ans : les Sénateurs , d'Excellence : & les Nobles , d'Illuftriffime. Les Fiefques , les Grimaldi , les Spinola & les Doria , font les quatre principales Familles de l'ancienne Nobleffe : les Juftiniani , Savii , Franchi & Fornari , font à la tête de la nouvelle.

Cette République ne jouit d'une véritable liberté , qu'en 1528. , qu'André Doria quitta le fervice de François premier , Roi de France , pour procurer la liberté à fa Patrie.

Avant ce temps-là , elle avoit fouffert

plufieurs fortes de Gouvernement ; celui d'aujourd'hui eft Ariftocratique.

Le bombardement de Génes , fous les ordres du Marquis de Segnelai , fils de Colbert , établi Général de la Marine , arriva en 1684. Le Doge fut à Verfailles : on lui demanda ce qu'il y trouvoit de plus remarquable : la chofe la plus extraordinaire , répondit-il , c'eft de m'y voir. On fit ces vers à cette occafion.

Allez Doge , allez fans peine ,
Lui rendre graces à genoux ;
La République Romaine
En eut fait autant que vous.

S I C I L E.

La Sicile a été regardée comme le Grenier de Rome : la Capitale eft Palerme , c'eft la demeure du Viceroi. Les Vêpres Siciliennes font fameufes dans l'Hiftoire , & la France s'en fouviendra long-temps. Du temps que Charles d'Anjou , Comte de Provence , étoit Roi de Naples & de Sicile , le jour de Pâques , lorfque l'on commença de fonner Vêpres , les Siciliens maffacrerent tous les François qui fe trouverent en Sicile.

La ville de Syracuse est fameuse par sa résistance contre Marcellus, & par les machines d'Archimede, qui brûlerent, dit-on, les Vaisseaux des Romains. M. Chrétien Wolf, dans son Cours de Mathématiques, dit que le fait n'est pas croyable ; car, quoique selon les régles, on puisse faire un miroir dont le foyer soit fort éloigné, les rayons ne s'y uniront pas mieux pour cela, à cause des grandes difficultés de l'air à traverser, & du travail exact de ce miroir. La portion de Sphere de miroir concave, dont Archimede s'étoit servi, [eu égard à la distance des Vaisseaux, qui étoit de trente pas, dit le P. Kirker] auroit dû être de 120. pieds. Il y en a qui prétendent que la Flotte Romaine s'avança vers la ville jusqu'à la portée du trait qui se lançoit vers la mer. M. de Bulfinger a fait une Dissertation, qui a pour titre, *De Speculo Archimedis. Voyez* M. de Buffon, Mémoires de l'Académie des Sciences, 1747.

Le Mont *Gibel* ou *Etna*, est la plus haute de toutes les montagnes de la Sicile : sa hauteur est à peu près de trois lieues, & son circuit de dix-sept. Le

pied de cette montagne , du côté du
Sud est très-bien cultivé , & chargé de
vignes ; du côté du Nord , ce ne sont que
de grandes forêts. Son sommet , quoique
toujours chargé de neiges, ne laisse pas
que de jetter incessamment de la fumée ,
ou des flâmes. Les cendres qui sortent
de cet abyme , engraissent les terres voi-
sines , lorsqu'elles sont en médiocre quantité ; mais les gâtent si elles sont trop
abondantes. Il se fait de temps en temps
en cette montagne , de fort grandes ouvertures , avec un bruit qui allarme tous
les habitants des environs. La Fable y a
placé les Géants , les Cyclopes , Forgerons dont Vulcain se servoit pour forger
les foudres de Jupiter. Les Poëtes ont
mis la patrie de Cérès dans la Sicile ,
aussi-bien que le rapt de Proserpine , fille
de cette Déesse , par Pluton le Dieu des
Enfers. Comme Cérès ne pouvoit se
passer de voir sa fille , Pluton , pour lui
faire plaisir , consentit que Proserpine
passeroit six mois de l'année avec lui , &
qu'elle passeroit les autres six mois avec
sa mere sur la terre.

La fille de Cerès , est le grain de bled,
qui , quand on l'a semé , reste six mois

dans la terre , figurée par Pluton ; puis il en fort au Printemps , & devient alors l'objet des foins de Céres , que les Anciens reconnoiffoient comme la Déeffe des Grains. Les Poëtes ont encore mis dans le Détroit de la Sicile, les deux fameux Monftres Marins, *Scilla & Caribde*, fi funeftes aux Nautonniers qui paffoient par-là. Ulyffe , après en avoir fait une trifte expérience , n'en parle qu'avec frayeur , à la fin du douzieme livre de l'Odiffée. *J'avois , dit-il , toujours à craindre , & la fureur de Scilla , & l'abyme de Caribde.*

L'ISLE DE SARDAIGNE.

La Capitale eft Cagliari. Il y a un Archevêché & plufieurs Ports. Celui de Portefcus eft confidérable , par un beau Madagre qui y eft : ce font des filets d'une étendue extraordinaire , dont on fe fert pour la pêche du Thon. Cette pêche appartient à Dom Antonio Genevés , Marquis de la Garde & Baron de Portefcus.

MAJORQUE.

La Capitale de cette Ifle eft Majorque. De cette Isle , dépendent celles d'Ivice & de Minorque : le Port-Mahon un des meilleurs Ports de la Mediterra-née , est la Capitale de cette derniere.

MALTE.

Cette Isle fut donnée aux Chevaliers de St. Jean de Jérusalem , par l'Empe-reur Charles V. , moyennant l'hommage d'un Faucon , que le Viceroi de Sicile reçoit aujourd'hui au nom de Sa Majesté Catholique.

Les Turcs en firent le siége en 1565. , mais ce fut inutilement. Son Port est fort grand , & peut contenir quantité de Vaisseaux : l'entrée de ce Port est bien gardée ; par le Château S. Elme , d'une part , qui est bien pourvu d'artillerie , & a un bon fossé ; par le nouveau Fort de l'Isle & par le Château St. Ange du Bourg. Le Port est inaccessible & la Ville imprenable. La porte la plus fré-quentée , est celle du Mole , dans le fossé de laquelle il y a un grand jardin , rempli d'Orangers & de Limoniers , pour l'usa-ge du Grand-Maître. On donne au Grand-Maître le titre d'Eminence : il a six mille

écus pour sa table, & un revenu de vingt
mille écus, qu'il tire comme Prince tem-
porel, des Commanderies vacantes, &
de la Doüane.

Cette Isle consiste en deux Villes principales, qui sont, Malte & la Valette,
séparées par des Fortifications faites par
les Grands-Maîtres de la Valette, de
Vignancourt & quelques autres, &
environ cinquante Bourgs. On y compte
environ soixante mille ames : les peuples
sont fiers & guerriers. Il n'y tombe point
de neige, mais beaucoup de grêle : le
terroir est sec, & n'est humecté que par
de grandes rosées.

La monnoye ordinaire est de cuivre.

L'or brille par-tout dans leur Eglise
de St. Jean de Jérusalem, de même que
le marbre dans le pavé.

L'Hôpital est un des plus fameux de
l'Europe : les malades y sont servis par
les Grands-Croix & les Chevaliers, &
en Vaisselle d'argent. On y est si bien
traité, que quantité de Chevaliers s'y
vont faire guérir de leurs indispositions.

Il y a des Commanderies de justice &
de grace. Le Grand-Prieur dispose des
dernieres ; & pour obtenir les autres, il

faut avoir demeuré cinq ans à Malte , &
fait quatre caravanes, ou voyages sur mer.
On a droit d'en demander une meilleure ,
quand on justifie d'un amélioriffement.

Tous les Chevaliers qui se trouvent à
Malte à la mort du Grand-Maître , ont
leur voix pour l'élection de son successeur.

Pour être reçu Chevalier de Malte ,
il faut être noble de quatre races pater-
nelles & maternelles , & ceux à qui il
manque quelque quartier , obtiennent
dispense du Pape ou du Chapitre Général.

A quelque âge que l'on se présente ,
pour être reçu Chevalier de Malte , il
faut payer le paffage , qui confifte en
deux cents cinquante écus d'or ; & si les
preuves ne font pas suffifantes , l'argent
est perdu pour le Préfenté. Ceux qui
font en minorité , obtiennent d'abord un
Bref du Pape , & enfuite une Bulle du
Grand-Maître , en vertu de laquelle ils
peuvent demander une Affemblée extraordinaire , pour obtenir commiffion
afin de faire leurs preuves , ou pour les
préfenter.

M. l'Abbé de Vertot nous a donné
l'Histoire de Malte , 4. vol. Ce n'est pourtant pas fon meilleur Ouvrage.

La Corse. La Capitale eſt la Baſtia. L'air y eſt mal-ſain , & le pays peu fertile.

Candie , *ou la Crete des Anciens.* Cette Iſle eſt fameuſe par bien des endroits. On prétend que ceux de ce pays ont été les premiers à voyager ſur mer : on les croit inventeurs de la Muſique , & de la maniere de dreſſer ou de dompter les chevaux. Cette Iſle eſt encore célébre , par le Labyrinthe de Minos , de l'invention de Dédale ; par l'enlévement de la belle Europe ; par les amours de Paſiphaé ; & par la naiſſance de Jupiter , à qui cette Iſle étoit conſacrée.

Les Venitiens ont encore quelques fortereſſes ſur les côtes de Candie. *Cretenſes ſamper mendaces , malæ beſtiæ , ventres pigri.* S. Paul à Tite , ch. 1. ℣. 12.

DE L'ASIE.

C'eſt la Partie du monde qui a été la premiere habitée ; Dieu y a formé le premier homme ; c'eſt dans l'Aſie que le Fils de Dieu s'eſt fait Homme ; c'eſt de l'Aſie que les Peuples ſe ſont répandus dans les autres parties du monde , après le Déluge ; c'eſt de-là que nous ſont venus les Arts, les Sciences & la Religion ; c'eſt-là que le Judaïſme a fleuri, dans le ſein duquel le Chriſtianiſme a pris naiſſance, pour ſe répandre dans tout l'Univers ; c'eſt dans l'Aſie que ſe ſont établies les plus grandes Monarchies ; telles qu'ont été celles des Aſſyriens, des Medes, des Perſes , des Parthes , &c.

L'Aſie a plus de deux mille lieues d'Occident en Orient, & environ quatorze cents du Septentrion au Midi.

Ses principales Rivieres ſont , l'Euphrate & le Tigre en Turquie , l'Aby en Moſcovie , l'Inde & le Gange dans les Indes.

La fondation des Etats de l'Aſie eſt incertaine. L'Aſie eſt aujourd'hui poſſédée par l'Empereur de la Chine , le Grand Mogol , le Sophi de Perſe , l'Empereur du Japon, le Grand-Seigneur & le Czar de Moſcovie. Les deux derniers Princes font leur réſidence en Europe : le Gouvernement de l'Aſie eſt deſpotique par-tout.

L'Aſie ſe diviſe en ſix parties, qui ſont : la Turquie en Aſie , la Perſe , la grande

Tartarie , la Chine , l'Inde & les Isles :
on réduit ces Isles en six corps , qui sont :
du Japon , des Larrons ou de Marie-
Anne , les Philippines ou Maniles , les
Moluques , de la Sonde , de Ceylan ou
des Maldives. Ces Isles ont été décou-
vertes par les Portugais , qui y aborde-
rent & y retournerent avec des Mission-
naires , dont S. François Xavier fut le
Chef , & devint l'Apôtre du Japon.

La couleur de réjouissance de ce pays-
là est le Noir , & le Blanc celle du deuil.

La Capitale du Japon est Jeko.

Les Isles Moluques appartiennent presque toutes aux Hollandois qui en ont
chassé les Portugais ; ils y font seuls le
Commerce , & ont des Rois sous leur
dépendance.

LA TURQUIE EN ASIE.

Ce que le Grand - Seigneur possede
dans l'Asie , s'appelle la Turquie en
Asie. Elle contient la *Natolie* , qui est
vers l'Occident , entre la Mer Noire &
la Mer Méditerranée : la *Turcomanie* ,
qui est vers les sources de l'Euphrate &
du Tigre ; le *Diarbech* , qui est entre ces

deux Rivieres ; la *Georgie* ; une partie de l'*Arabie* & les Ifles.

On l'appelle le Grand-Seigneur , parce qu'il n'y a point de Prince au monde , qui ait tant de Provinces fous fa domination : il a plufieurs Royaumes dans l'Europe , dans l'Afie & dans l'Afrique. Ce grand & formidable Empire n'eft fondé que depuis 400. ans. Ce fut Ottoman qui le commença en 1300. Burfe , en Bythinie , fut le Siége de cet Empire , enfuite Andrinople , & enfin Conftantinople.

Turcs. Ce nom leur a été donné depuis qu'ils fe furent rendus maîtres de la Turcomanie , Province de l'Afie. On les appelloit auparavant *Mardactes* , Peuples Barbares , qui profitant des troubles & de la foibleffe des Empereurs de Conftantinople , firent des courfes dans les Terres de l'Empire , & après avoir paffé le Caucafe , entrerent dans la Cappadoce , s'emparerent de la *Turcomanie* , & s'y arrêterent. Ils maffacrerent quatre cents mille hommes dans la ville de Conftantinople , pillerent les Eglifes , les Monafteres , les Palais & les Maifons des particuliers ; l'orgueilleux Vainqueur donna trois jours à ſes Soldats , pour contenter leur paſſion brutale , & l'Empereur Conſtantin fut étouffé parmi la foule de ceux qui fuyoient , pour ſe dérober à la cruauté des Infidéles.

Soliman II. fut un des plus grands Princes de l'Europe. La diviſion des Princes Chrétiens , cauſée par la ſéparation de Luther , lui fournit des moyens de faire des conquêtes. Il prit Bellegrade en 1521. , Rhodes l'année d'après , gagna la bataille de Mohas en une demi-heure ; du Danube entra dans Bude ; de-là vint faire le ſiége de Vienne , qu'il fut contraint de lever. Sobieski s'empara des richeſſes immenſes que ces Barbares laiſſerent dans leur camp , il écrivit à ſa femme , qui étoit fort intéreſſée : « Vous » ne me direz pas à mon retour, ce que » diſent les femmes Tartares à leur » mari , lorſqu'elles le voient revenir de » l'armée ſans butin : *Tu n'es pas un* » *homme , puiſque tu reviens les mains* » *vuides ;* le Grand Viſir m'a fait ſon » légataire univerſel.

Mahomet III. fut un Prince qui ſe plongea dans les plaiſirs , abandonnant le ſoin des affaires à la Sultane Validé.

Il fit jetter dans la mer dix Sultanes de fon pere qui étoient groffes , fit étrangler vingt de fes freres , & perdit la Tranfilvanie , la Strigonie , Albe-Royale & la baffe ville de Bude , qui furent prifes par Mansfeld , l'Archiduc Mathias & le Duc de Mercœur. Mahomet facrifia fa mere & fes amis à la fureur des Janiffaires & des Saphis , & mourut de la pefte.

Les Turcs font de la Secte de Mahomet , ennemie de celle d'Ali , gendre de Mahomet , qui eft fuivie par le Sophi de Perfe. Cette Religion confifte dans la circoncifion , la priere , le jeûne , l'aumône , le pélerinage & l'abftinence du vin.

Leur Chef eft appellé Muphti ; il explique l'Alcoran qui eft comme l'Evangile des Turcs.

Un Turc ne peut avoir que quatre femmes ; mais il lui eft permis d'avoir des concubines autant qu'il en peut nourrir.

Le premier Miniftre s'appelle Vifir-Azen , ou Grand Vifir.

Leur Milice confifte , dans les Janiffaires qui fervent à pied , & qui font compofés d'enfants de Tribut , ou des

Chrétiens enlevés ; dans les Saphis, qui servent à cheval ; les Milices de l'Asie, les nouvelles Levées, les vieilles Troupes de l'Asie & les Tartares, dont ils se servent pour aller en parti ; les Zaims & les Timariots, qui sont des personnes à qui le Grand-Seigneur a donné des Terres, à condition de servir au premier ordre, & dans les Troupes de Tribut.

Leur maniere de combattre.

Ils rangent leur armée en forme de Croissant, & mettent l'Artillerie au milieu, la Cavalerie ne combat que par caracolles & se rallie aisément.

En l'absence du Grand-Seigneur ou du Grand Visir, les Bachas commandent l'armée.

Bacha : c'est le Gouverneur d'une Province, qui a sous lui plusieurs Sangiacs, ou Comtes, & plusieurs autres Officiers.

Le grand Etendart du Grand-Seigneur est une queuë de cheval, qu'on nomme *Tug*, attachée au bout d'un bâton avec un gros bouton d'or : quand on arbore cet Etendart, c'est signe d'une grande guerre.

Le Conseil du Grand - Seigneur est composé du Grand Visir seul qui lui parle de ses affaires : le Grand Visir a six autres Visirs , ils n'ont aucune autorité , & ils ne parlent que quand ils sont interrogés.

Les Turcs vendent les esclaves au marché comme des bêtes , & le prix est plus ou moins grand , selon l'âge & la force de l'esclave.

Le Serrail est le lieu où le Grand-Seigneur habite , dont l'entrée est précédée de trois cours , dans lesquelles on peut entrer selon la qualité des personnes : pour le lieu où sont gardées les esclaves d'où l'on tire les Sultanes , personne n'en peut approcher qu'avec de grandes peines & précautions. Ce lieu est gardé par des Eunuques noirs.

LA TARTARIE.

La Tartarie est au Midi de la Chine , dont elle est séparée par cette fameuse muraille de 400. lieues , qui n'a pas empêché les Tartares d'entrer chez les Chinois , de les désoler , & de se rendre maîtres de leur pays , comme ils firent en 1644.

Il y a dans la Tartarie plusieurs Souverains dont on ne sçait ni le nom ni la demeure. Il y a vers le milieu de ce vaste pays, des Peuples libres, qui n'ont point d'habitation fixe, vivans à la campagne sur des chariots & sous des tentes ; ils sont distribués par troupes, qu'on appelle Hordes.

Dans le *Tangut*, Barantolat ou Lassa est la Capitale de ce Royaume, & la résidence du Grand - Kam. C'est-là où demeure le Grand-Lama, qui veut dire Grand-Prêtre, qui ne meurt jamais, par l'adresse des autres Lamas, qui mettent à la place de celui qui meurt, une personne qui lui ressemble, cachant toujours la mort du Grand-Lama. On croit que Lama est le Prêtre Jean, dont on a parlé diversement. C'est du Royaume de Tangut que vient la bonne Rhubarbe.

On compte divers Royaumes enfermés dans la Tartarie. Il faut voir la Carte de l'Asie, gravée en 1694. par M. Samson, ou bien celle de M. Nolin : dans toutes les deux, la Tartarie y est fort bien divisée, en septentrionale, orientale & occidentale. Cette division est la plus suivie.

LA CHINE.

Cet Etat est le plus beau & le plus puissant pays de toute l'Asie. Ses bornes sont au Septentrion, la Grande Tartarie qui en est séparée par une chaine de montagnes, qu'on nomme *Ottocera*, & dans l'endroit où la montagne manque, on y a élevé une muraille de plus de 400. lieues de long, pour empêcher les courses des Tartares.

On y compte plus de soixante millions d'hommes. On en peut sçavoir le nombre, parce que chaque pere de famille est obligé de mettre sur la porte de sa maison un écriteau, contenant le nombre des personnes qui sont chez lui ; & il y a des Décimiers qui vont par les rues pour ramasser ces écriteaux, jusques au nombre de dix, dont on tient un Registre. On y compte près de treize cents Cités.

Pekin est la Capitale de l'Empire.

Nankin, Capitale de la Province qui porte son nom, est la plus grande Ville du monde, près de laquelle est la fameuse Tour de Porcelaine.

Les Chinois sont presque tous Payens.

L'Empereur fait ériger, à ſes dépens ; des Monuments aux perſonnes qui ſe ſont illuſtrées : il fit élever un arc de triomphe à une jeune fille qui ſe précipita dans la mer, pour ſauver ſa pudeur, attaquée par des Pirates, dont elle étoit priſonniere.

Leur Hiſtoire eſt moins ancienne que celle des Hébreux, moins certaine & moins intéreſſante. Auſſi-tôt qu'on remonte au-deſſus de Fohi, qui vivoit, à ce qu'ils diſent, 2352. ans avant Jeſus-Chriſt, on ne trouve qu'obſcurités & incertitudes, au jugement même des Chinois. Les Chinois d'aujourd'hui ne ſont pas fort ſçavants ; les Cycles Chinois, & leurs Obſervations Aſtronomiques ſont très-fautives, comme l'a fort bien remarqué M. Caſſini, de même que M. l'Abbé Picard. Les Jéſuites Miſſionnaires ſont chargés de dreſſer les Calendriers Chinois, & leurs calculs Aſtronomiques.

Quant à l'antiquité de leurs Livres, on avoue qu'ils n'ont point de Manuſcrits anciens. Les Chinois ne ſe ſervent point de parchemin, & leur papier, délié comme il eſt, & ne pouvant ſouffrir l'impreſſion que d'un côté, ne peut pas durer bien long-temps. Ils n'ont que des Livres imprimés ; & encore qu'ils prétendent avoir connu l'Art de l'Imprimerie avant nous, ils conviennent toutefois, qu'elle n'eſt plus ancienne chez eux que chez nous que de quelques ſiecles : or, chez nous elle eſt aſſurément récente, & un Livre qui n'a pas plus de deux ou trois cents ans d'antiquité avant l'invention de l'Imprimerie, n'eſt pas regardé en Europe, ni chez les Grecs, comme un Manuſcrit ancien.

On trouve dans leur Hiſtoire, que 200. ans, ou un peu plus, avant Jeſus-Chriſt, l'Empereur Chinois fit bruler tous les Livres Chinois, & que ceux de Confucius furent conſervés par une vieille, qui les cola contre une muraille, d'où on les détacha enſuite. Ces Livres, dit-on, étoient écrits ſur de l'écorce, on n'en trouve plus à la Chine de cette ſorte, ni aucune Inſcription, ni médaille ancienne ; d'où l'on peut conclure, que l'Hiſtoire Chinoiſe eſt très-douteuſe, leur Chronologie très-incertaine & leurs Antiquités mal-fondées.

Les Chinois font des bougies, de

l'huile d'une certaine espece de serpent, mêlée avec un peu de cire ; elles sont plus blanches , & jettent une lumiere plus brillante que les nôtres.

Ils mangent sur des Tables enduites de vernis ; ils ne se servent point de nappes , ni de serviettes , il n'y a point non plus de couteaux , les viandes sont coupées quand on les présente , & ils se servent de deux petits bâtons , au lieu de fourchettes.

Leur vin de Riz est de couleur d'ambre , & aussi délicat que le vin d'Espagne.

On y cultive les Arts & les Sciences. Confucius , fameux Philosophe , qui nâquit vers l'an 483. avant la Naissance de Jesus-Christ , est le Socrate de la Chine , où il est dans une singuliere vénération. Il étoit Ministre d'Etat, & tant que le Roi de *Lou* suivit les conseils de ce grand Philosophe , les affaires du Royaume allerent parfaitement bien.

L'INDE.

L'Inde se divise en trois : qui sont , l'Indostan, ou l'Empire du Grand Mogol, la Presqu'Isle Occidentale en-deçà

le Gange & la Presqu'Isle Orientale en
delà le Gange.

L'Empire du Grand Mogol , qu'on
appelle aussi *Indostan* , est une Monar-
chie qui comprend la plus grande partie de la terre ferme de l'Inde : cet Etat
a la Tartarie au Septentrion , & la Perse
à l'Occident. On compte ordinairement
35. Royaumes dans les Etats du Mogol.
L'Empereur réside d'ordinaire à *Agra* ,
ou à *Delli*.

Cambaie est une Ville considérable ,
mais la Ville la plus marchande , c'est
Surate. Les Anglois & les François y
font un grand Commerce de Soie & de
toile de cotton : elle appartient aux
Portugais.

Le revenu du Grand Mogol se monte
à plus de trois cents cinquante millions :
il est propriétaire de toutes les terres de
son Empire , & héritier de tous les
Omrhus ou Seigneurs.

Le Grand Mogol est Mahométan , de
la Secte d'Omar , ce qui lui fait entretenir commerce avec le Turc , afin
d'en tirer du secours contre les Perses.
Les Peuples ont une Religion payenne ,
mêlée de la Juive & de la Mahométane.

Il y a liberté de confcience dans tout l'Etat du Grand Mogol.

La principale Fête du Grand Mogol, eft le jour de fa naiffance, qui fe renouvelle tous les ans. La cérémonie dure cinq jours, avec une grande pompe : on pefe l'Empereur, & s'il fe trouve qu'il pefe plus que l'année précédente, le peuple en témoigne fa joye par des réjouiffances publiques, & par des préfents que les hommes & les femmes viennent faire à l'Empereur, qui eft affis fur un Thrône magnifique.

Le prix du gros Diamant du Grand Mogol, eft de douze millions fept cents mille livres, & péfe 279. carats.

C'eft le plus beau Diamant que l'on connoiffe ; on y remarque un feul défaut, c'eft une petite glace qui fe trouve fur fon tranchant d'en-bas.

Le Diamant du Grand Duc de Tofcane, eft du poids de 139. carats & demi, d'une eau fort nette, & taillé à facetes de tous les côtés, mais fa couleur tire un peu fur le citron. Tavernier qui a eftimé celui du Grand Mogol, porte le prix de celui-ci à 2608335. livres.

Des deux qui appartiennent au Roi de France,

France , l'un s'appelle le Pitt , l'autre le Sanci : le premier pese 137. carats , & l'autre 55. Il est facile de distinguer les diamants que l'art imite, ils font moins pesans & moins durs : il y a pourtant eu des connoisseurs qui avoient peine à discerner ceux-ci d'avec ceux que la nature présente tous formés. Le diamant est la pierre la plus précieuse que nous aions : ses parties élémentaires font, la terre la plus pure & la plus divisée, le feu le plus vif & l'eau la plus claire. Les pierres les plus précieuses font , les rubis , l'amétiste , le saphir & la topaze : il convient à Emile de sçavoir discerner une pierre précieuse d'avec une autre.

Les mines les plus fameuses de diamants font Golconde & Visapour.

La Presqu'Isle deçà le Gange , qui a l'Inde propre ; sçavoir , l'Etat du Mogol, au Septentrion , renferme 39. Royaumes, que l'on peut voir dans la Géographie de Samson.

La Presqu'Isle de-là le Gange , avec le reste de l'Inde qui est dans la terre ferme , de-là le Gange , contient 45. Royaumes.

Tome I.   L

Le Royaume de SIAM † eſt tributaire de l'Empereur de la Chine. Le Roi de Siam eſt idolâtre, & ſes ſujets le ſont auſſi. Les Talapoins ont leurs Prêtres; ils ſont regardés comme des Divinités, ne ſe montrent que rarement, ne ſaluent aucun laïque, pas même le Roi : les Siamois ſont grands menteurs, grands voleurs & fort vindicatifs.

Le Royaume de TONQUIN eſt tributaire de l'Empire de la Chine.

INDES ORIENTALES. Viſapour & Golconde, Capitales de deux Royaumes tributaires du Mogol.

Les Portugais ſont maîtres de GOA. C'eſt le ſéjour d'un Viceroi, d'un Archevêque, d'un Conſeil & d'une Inquiſition très-ſévere. Le Port de Goa eſt le plus beau de toute l'Aſie.

La COCHINCHINE appartient à un Roi. Les Rivieres y débordent tous les ans aux mois de Septembre, d'Octobre

† M. de Sorbiere nous a décrit ce pays.

& de Novembre ; ce qui engraiſſe la terre , de maniere qu'on peut ſemer & faire la moiſſon trois fois l'année.

LA PERSE.

On lui donne cinq cents lieues d'Occident en Orient , & trois cents ſoixante & dix du Midi au Septentrion. Hiſpahan eſt la Capitale de tout l'Empire & la réſidence du Sophi. Tauris eſt la ſeconde ville , on peut ranger trente mille hommes en bataille dans la grande place de la ville.

Il n'y a point de Nation dans l'Aſie qui ſoit de meilleur commerce que les Perſans ; ils ſouffrent volontiers les étrangers. Le climat eſt admirable pour la vigne & pour toutes ſortes d'arbres fruitiers.

La Perſe produit tous les ans environ vingt mille bales de ſoie , dont chacune peſe 216. livres : on y eſt fort curieux des Sciences & des Beaux Arts.

L'Empire eſt héréditaire , non-ſeulement aux enfants légitimes , mais encore aux bâtards , qu'on préfere aux enfants les plus proches.

Le Gouvernement eſt monarchique & deſpotique.

L'Empire a fini à Darius qui fut dé-thrôné par Cyrus : Nabopalaſſar qui s'empara de la Perſe, établit ſon ſiége à Babylone.

CYPRE eſt une Iſle qui étoit autrefois conſacrée à Venus. Pline dit qu'elle a été diviſée en neuf différens Royaumes. Paphos, Cithere & Amathonte ont été ſes villes principales. Nicoſie, ſituée au milieu de l'Iſle, en eſt aujourd'hui la Capitale. C'eſt une des plus grandes Iſles de la Méditerranée, elle n'eſt qu'à vingt lieues de la terre ferme. L'air y eſt mal ſain à cauſe des minieres : l'Iſle eſt fertile en vins excellens. Le feu prit à l'Arſenal en 1569., toute la ville en fut ébranlée : on croit que ce furent les Juifs qui firent ce coup terrible. Cypre a ap-partenu aux Anglois, aux Templiers & à Gui de Luſignan, qui fit bâtir la nou-velle ville de Limiſſe ; il fut couronné Roi de Cypre, de Jéruſalem & d'Arme-nie : cette Iſle fut donnée aux Venitiens. Le Turc s'en eſt depuis emparé. Muſta-pha, Bacha, malgré la capitulation

honorable qu'il avoit accordé aux Cy-
priens, donna ordre que la plûpart des
otages fuffent maffacrés, qu'on coupât
le nez & les oreilles à Brigadin qui l'avoit
fi bien défendue, & qu'on l'écorcheât au
bruit des trompettes.

RHODES eft une Ifle fameufe par fon
Coloffe haut de 70. coudées : c'étoit une
Statue dédiée au Soleil. Les Sarrafins fe
rendirent maîtres de Rhodes l'an 667.
Les Chevaliers de St. Jean de Jérufalem
ont depuis poffédé cette Ifle, Soliman
les en chaffa en 1522. ; de-là ils fe reti-
rerent à Malte.

A N T I Q U I T E' S.

L'Italie fournit feule plus d'Antiquités
que toutes les autres régions de l'Europe.
Quand Emile fera arrivé à Rome, la
meilleure partie de fon temps, doit être
employée à vifiter les Monuments antiques, & les Cabinets qui font en grand
nombre. Les fieurs Bernabo & Lazzarini
Imprimeurs de Rome, ont mis au jour,
en 1763. la célébre explication des Antiquités de cette Capitale, à laquelle feu

l'Abbé Vernuti avoit travaillé avec la plus grande attention ; Emile peut la consulter.

La belle antiquité est censée finir entiérement au temps de Théodose le jeune. Cet Empereur fit faire à Constantinople la Colomne qu'on appelle Théodosiene, chargée des victoires du grand Théodose son ayeul. Depuis ce temps-là, les Peuples du Nord répandirent par-tout la barbarie, tous les Arts tomberent ; mais la Peinture, la Sculpture & l'Architecture, plus que les autres. Neuf à dix siécles se passerent dans l'ignorance ; il faut pourtant avouer, que c'est à ces siécles de barbarie que nous devons plusieurs inventions des plus nécessaires à la vie, & que les Anciens de la belle Antiquité avoient ignorées ; les Moulins à eau, les Moulins à vent, les Lunettes, la Boussole, les Vîtres, les Etriers, l'Imprimerie, &c.

Emile éprouvera un certain plaisir à étudier l'Antiquité : les Anciens faisoient un cas singulier des Antiques.

César achetoit à quelque prix que ce fut, des Tableaux, des Statues & des Gravures antiques.

Auguste ornoit son Palais des choses remarquables par leur ancienneté & par leur rareté.

Plusieurs Statues ont été écrasées sous les ruines des édifices, ou enterrées dans des temps de guerre, ou tronquées par les Barbares, ou rompues par les Ouvriers lorsqu'ils les ont déterrées dans la suite des temps. Les Romains en gâterent une quantité prodigieuse, lorsque pressés par Alaric qui les assiégeoit, & manquant d'armes, ils furent réduits à s'en faire de leurs Statues, & à les lancer sur les ennemis.

Les Rois & les particuliers possédent encore des restes d'Antiquités : ce qu'il y en a en Italie, & dans Rome seule, suffit abondamment pour payer la curiosité d'Emile. Il y admirera la Venus de Medicis, le Laocoon du Vatican, l'Hercule de Farnese, le Seneque mourant, les Gladiateurs, principaux ornements des Princes Farnese & Borghese, le Gladiateur expirant du Capitole, le Pasteur qui se tire une épine du pied, le Taureau de Dircé, ces Chevaux admirables qu'un jeune homme dompte, la Statue Equestre de Marc - Aurele. Il reconnoîtra dans ces morceaux admirables, l'induſtrie & les talents ſublimes des Grecs. Que de délicateſſe & de douceur dans le concours des figures & dans les articulations des membres ! Que les draperies en ſont fines & tranſparentes ! Il verra divers Autels de Cybele, d'Athis, de Mithras ; il pourra apprendre avec plus de certitude ce qu'étoient les flambeaux des Anciens , leurs crotales , leurs tambours, leurs fluttes, que s'il feuilletoit ſans ceſſe les Ecrivains de l'Antiquité.

Le Prince Guſtiniani à Rome a mille huit cents ſoixante-ſept Statues antiques.

Emile trouvera à Rome une ſuite preſque complette des Empereurs & des Impératrices , juſqu'à Conſtantin.

Lupa Romuli : il y en a une de bronze dans le Capitole , dans la Salle des Conſervateurs. On croit que c'eſt celle qui étoit au-bas du Palatin , ſous le Lupercal.

Venit ad expoſitos Lupa fœta gemellos.

Il en verra une en marbre rouge , allaitant Remus & Romulus , dans la vigne Borgheſe.

Les Héros, pour s'attirer l'admiration du Vulgaire, prétendoient être nés & élevés d'une maniere extraordinaire ; ils étoient presque tous bâtards : c'est pourquoi ils avoient été exposés par leurs parents. Les uns avoient été nourris par le Centaure Chiron, les autres par les Nymphes, d'autres par les Satires ou les Curetes : aucun d'entre eux n'avoit reçu de nourritures communes. Achille fut nourri de moële d'ours & de lions, une biche allaita Telephe ; Egiste & Esculape suçerent les mammelles d'une chevre, & une chienne servoit de garde à ce dernier; une chienne servit de nourrice à Cyrus, des colombes à Semiramis, une louve à Lycaste Roi d'Arcadie. Pour illustrer la naissance de Romulus, on prétendit qu'il avoit été nourri par une louve.

DES STATUES.

Cet honneur n'avoit été accordé qu'à des hommes illustres, & cela par des decrets publics. Dans la suite des temps on consacra des Statues à ceux qu'on voulut honorer, les amis à leurs amis, les parents à leurs parents. L'unique borne qu'ils fe prefcrivirent , ce fut de ne faire paroître ces Statues que dans des endroits particuliers , fous les portiques de leurs Palais , dans les cours de leurs maifons & dans les bibliotheques particulieres. La mode vint de pofer les Statues des morts dans les niches de leurs tombeaux : ces Statues devenoient facrées , & c'étoit une impiété de les renverfer ; il arrivoit même qu'on célébroit des feftins devant elles , & que les mourants l'ordonnoient par leurs teftaments.

Du Tombeau de Constantin.

Après la célébre victoire qu'il remporta fur Maxence , auprès du Pont Milvius, on érigea ce monument. Rome étant devenue barbare , les Sculpteurs n'y confervant rien de leur habileté ancienne , on fut obligé d'arracher les ornements de l'arc triomphal que Trajan avoit commencé après la défaite des Daces , & on les fit fervir à celui-ci : les bas - reliefs excellens qui revêtent le dedans de la principale voûte , & les trois tableaux , font du nombre de ces larcins ; ces derniers repréſentent des ſacrifices à Mars , à Jupiter , à Hercule ; pour les autres ornements , ils ſont d'une groſſiéreté qui ſent le ſiécle de Conſtantin.

Pour connoître l'Antiquité , il eſt bon de lire la *Verrine* de Ciceron. Il reproche à Verrès , qu'il a pillé & profané les Temples , qu'il a emporté les Dieux & dépouillé les Villes ; il ne peut ni le nier ni s'en défendre , il eſt convaincu par les témoins , accablé par ſa conſcience ; ſes crimes ſont publics , & il eſt obligé d'en tomber d'accord.

En 1683. *Jacobus de Rubeis* nous donna ; *Inſignium Templorum Romæ, Proſpectus exteriores , à celebrioribus Architectis inventi, cum plantis & menſuris.*

Joannis Hardouini Opera ſelecta : la meilleure Edition eſt celle d'Amſterdam , *apud* de l'Orme , 1709. Le P. Hardouin & ſes Confreres ſe plaignirent de cette Edition , de l'Orme proteſta qu'il l'avoit donnée telle que la Société la lui avoit préſentée ; il voulut imprimer un *Errata* ſéparément , mais ne rien changer à l'Edition. Revenons aux Statues.

On en dreſſoit , non-ſeulement à l'honneur des Dieux , mais encore à l'honneur

des hommes d'une vertu & d'un mérite
finguliers, afin d'en conferver la mémoire,
& d'exciter le peuple à imiter leurs belles
actions. Outre celles des premiers Rois
& des Confuls, on y voyoit celles d'Ho-
ratius-Cocles, de Mutius-Scevola, de
Clélie à cheval fur la *Via Sacra* : dans la
fuite il s'y gliffa des abus.

Les Statues étoient ordinairement de
marbre, de bronze & d'yvoire, les
Empereurs y ajouterent l'or & l'argent.
Domitien défendit qu'on lui en dreffât,
qu'elles ne fuffent de ce précieux métal :
il régla jufqu'au poids qu'elles devoient
pefer ; en quoi fon orgueil étoit bien
éloigné de la modeftie d'Augufte, qui
fit fondre celles qu'on lui avoit érigées
d'argent, & en donna le prix au Temple
d'Appollon Palatin. On ne pouvoit compter le nombre des Statues de Sejan,
favori de Tibere. Les Athéniens en dref-
ferent dans leur ville, autant qu'il y a de
jours en l'an, à Demetrius le Phalerien,
Bibliothécaire de Ptolomée Philadelphe ;
mais un beau matin, fur je ne fçai quel
prétexte, il les abbatirent toutes.

Les Statues des Grecs étoient ordinairement nuës, & celles des Romains,

habillées : si elles étoient plus petites que
le naturel , on les appelloit signes ou
images. Qu'Emile lise la Dissertation de
M. Rainsan , dans le Journal des Sçavants , de M. l'Abbé de la Roque , 1686.

Le *Pavé* du Temple de la Fortune ,
de Palestrine , est remarquable ; le Cardinal Barberin le fit graver. Sylla a voulu représenter les spectacles du Nil , de
l'Egypte & de l'Ethiopie : l'Egypte étoit
comme un Théâtre où l'on voyoit des
choses naturelles les plus extraordinaires.
On apporta ce pavé dans la belle maison
de campagne du Cardinal , qui est à
Palestrine.

Janus quadrifrons reste encore à Rome.
Il a quatre faces & quatre portes , qui
percent d'un bout à l'autre & qui se croi-
sent. « Ces hommes , dit Ciceron , qui
» se tiennent assis au milieu du Janus ,
» raisonnent bien mieux sur la maniere
» de trouver de l'argent & de le placer ,
» que ne font les Philosophes dans les
» Ecoles ». Ce Temple de Janus , qui
est tout de marbre , est orné par dehors
de deux rangs de colomnes , en bas Ioni-
ques , & au haut Corinthienes.

Les *Basiliques* étoient de grands bâtiments de figure longue , ornés de colonades & de portiques. La Salle du milieu qui s'appelloit *Pluteus*, étoit aussi ornée de colomnes. Elles étoient situées aux Marchés publics & ouvertes de tous côtés : les Négociants s'y rendoient, & les Centumvirs y venoient pour juger les procès. Il nous reste peu de chose de ces Basiliques.

Macellum : c'est une Boucherie. Les Greniers publics & ces Boucheries étoient bâties avec magnificence : la cour intérieure étoit environnée de portiques à colonades , comme nos cloîtres : il y avoit aussi des Cîternes publiques , dont la structure mérite d'être considérée.

Mutatorium. Les Empereurs & les gens de qualité avoient plusieurs maisons dans la Ville , & les Princes de Rome en ont également plusieurs : ils s'y retiroient pour s'y divertir & se recréer. Il y a encore aujourd'hui à Rome de grandes masures du Palais des Augustes , où l'on voit de longues enfilades de chambres qui ne paroissent pas fort grandes : les fenêtres y sont aussi hautes que les appartements.

Les *Bains* étoient des lieux où l'on se

lavoit avec de l'eau chaude ou tiede , au degré qu'on vouloit ; on trouve auffi des *Thermes* publics & des particuliers. La différence qu'il y avoit entre les Bains & les Thermes , étoit que les Bains n'étoient uniquement que pour fe laver , au lieu que dans les Thermes , qui étoient des bâtiments grands & fpacieux , il y avoit des falles à manger , des lieux pour exercer & inftruire la jeuneffe , des lieux pour les jeux & pour exercer les Athletes. Le principal ufage des Thermes étoit pourtant pour les bains. Les Chartreux à Rome occupent les Thermes de Dioclétien ; ils y ont fait une magnifique Eglife , compofée des falles de ces Thermes : cette Eglife pratiquée dans ces falles par Michel-Ange , eft tous les jours embellie de nouveaux ornements. Il y avoit dans ces Thermes , une prodigieufe quantité de colomnes : on en a tranfporté plus de deux cents , pour les employer à d'autres Edifices ; on n'y laiffa que celles que leur groffeur rendoit trop difficile à tranfporter , & celles-là au nombre de huit , des plus grandes qu'il y ait à Rome , fe voient encore aujourd'hui dans l'Eglife.

Les Feuillants ont encore là leur Monaſtere , & ſe ſont ſervis de l'une des tours des Thermes , pour faire une Egliſe qui eſt toute ronde & aſſez grande.

Ces bâtiments immenſes étoient pleins d'ornements , d'incruſtations & de Statues : on trouva une fois , en un ſeul endroit , dix-huit têtes qui furent vendues aux Ceſarini , & depuis au Cardinal Farneſe , qui les mit dans la Galerie Farneſe.

Theatrum Marcelli. Ce Théâtre fut bâti par Auguſte , ſous le nom de Marcellus , ſon neveu , fils d'Octavie ſa ſœur. Il y avoit trois rangs de colomnes , dorique , ionique & corinthien. On y repréſentoit , ſelon Vitruve , trois ſortes de ſcènes , le Tragique , le Comique & le Satyrique. Le Tragique repréſentoit des bâtiments ſuperbes & magnifiques , avec des décorations de colomnes , de ſtatues & d'autres ornements qui convenoient à des Palais des Rois. Le Comique montroit des maiſons des particuliers , des balcons , grand nombre de fenêtres. Le Satyrique , des bocages , des antres , des montagnes , des campagnes faites par artifice.

Outre les Acteurs & les Baladins , il y avoit des Bâteleurs , des Bouffons , des Vendeurs de Mithridate. Les Tragédies se jouoient du temps de S. Chrisostome , par des gens masqués. Il y avoit aussi des danseurs de corde , qu'on appelloit *Funabules*. Il y avoit aussi des bâteleurs , qui , pour faire voir la vertu de certains remedes , se faisoient picquer par des aspics : il y en eut un qui s'étant fait picquer au bras par un aspic , au milieu du grand marché de Rome , suça d'abord la playe & chercha l'eau qu'il avoit préparée ; mais quelqu'un ayant par malice , renversé le pot , il mourut trois jours après , mais sans aucun sentiment de douleur. Les Peres ont toujours blâmé ces sortes de Spectacles , & tous ces jeux de Théâtre & d'Amphithéâtre : outre que c'étoient les Payens qui les donnoient ordinairement , & que cela détournoit les gens de leur devoir , tant de famille que de Religion , on y donnoit souvent des spectacles infâmes , où l'impudence des Acteurs n'avoit point de bornes.

S. Chrisostome a fait plusieurs Homélies contre les Jeux du Cirque , où l'on ne voyoit pourtant que des chariots &

dés chevaux courir à l'envi. Dans le fonds, je crois qu'il ne blâmoit que la trop grande attache que les Chrétiens avoient pour ces fortes de jeux. Dans fa dix-neuvieme Homélie, il décrit un jeu de paffe-paffe des plus extraordinaires : un homme alloit par les rues, la tête levée, une grande perche pofée fur le front, qui ne branloit point ; au bout de cette perche il y avoit deux petits gar-çons qui fe battoient toujours, pendant que cet homme alloit fon train, fans qu'il en arrivât d'accident.

Le mot d'*Amphithéâtre* eft Grec, & veut dire, deux Théâtres joints l'un contre l'autre : les Loges s'appelloient *Caveæ*. Les Arenes étoient ceintes tout autour d'une muraille, fur laquelle étoit le *Podium*, orné de petites colomnes & baluftrades : c'étoit la place des Séna-teurs pour le Spectacle ; ils y étoient affis fur leurs fiéges Curules. C'étoit auffi la place des Empereurs, auxquels on met-toit une efpece de Thrône couvert. Les Veftales avoit auffi le privilege du Podium. Quoique ce Podium fût élevé de douze à quinze pieds, les Sénateurs n'auroient pas été en sûreté contre les infultes des

Elephants, des Lions, des Leopards & des Pantheres qui se battoient sur les Arenes, si l'on n'y avoit mis autour des rets ou des treillis & de gros troncs de bois ronds & versatiles, qui tournoient quand les bêtes vouloient faire quelque effort pour y monter ; ce qui n'empêcha pas qu'en certaines occasions ces bêtes ne fissent quelques ravages dans le rang des Spectateurs : on fit ensuite des canaux tout autour, pour empêcher les bêtes d'en approcher.

Il y avoit en différens endroits de l'Amphithéâtre, de certains tuyaux par lesquels on faisoit couler des liqueurs odoriférantes : ces liqueurs étoient ordinairement du Safran infusé dans le vin. On tendoit des voiles, pour garantir les Spectateurs des ardeurs du Soleil.

ROME. Les Anciens, non-contens de personnifier leurs Villes, & de les peindre sous une figure humaine, leur attribuoient des honneurs divins. Il n'y en a point dont le culte ait été si grand que celui de la Déesse Rome ; on lui bâtissoit des Temples, on lui élevoit des Autels, non-seulement dans Rome, mais encore à Nicée & à Ephefe. Il y en avoit auffi plufieurs à Rome, où le culte de cette Déeffe étoit auffi célébre que celui d'aucune autre Divinité : on la peignoit comme Minerve. Elle eft affife fur une roche, & a fous fes pieds un tas de cottes-d'armes & des boucliers, & une pique à la main.

Rome triomphante, déterrée auprès de l'Amphithéâtre, tient de la main droite une pique, deux Soldats font armés devant elle ; l'un tient un cheval par la bride, deux autres Soldats font derriere le cheval, & à l'autre bout, deux Licteurs avec leurs faifceaux, des verges & leurs haches.

Les Génies, les Lares, les Penates, font fouvent pris les uns pour les autres.

Les Génies auffi fe prenoient pour les Manes des défunts : les Anciens ont crû que chacun avoit fon Génie ; plufieurs tenoient qu'ils en avoient deux, l'un bon, l'autre mauvais.

On donnoit chez les Romains les noms de Génies à ceux qui gardoient les hommes, & le nom de *Junons* aux Gardiens des femmes. Ils ont été quelquefois repréfentés fous la figure d'un ferpent : j'ai vu un ancien monument avec un ſerpent, & ces mots : *Genio Auguſtorum.* On dépeint ordinairement les Génies en hommes, tantôt en vieillards, quelquefois en hommes barbus & très-ſouvent en jeunes enfants, auxquels on donne quelquefois des aîles, & il eſt très-difficile de les diſtinguer des Cupidons.

Genio Populi Romani, eſt un homme barbu, qui a aſſez l'air de Jupiter.

Le Génie de Neron, tiré de ſes médailles, eſt un jeune homme qui tient une corne d'abondance, & ſacrifie ſur un Autel flamboyant.

Le Génie trouvé à Narbonne, eſt un homme ſur un baſe, portant un long manteau ; il tient une eſpece de rouleau : *Genio Patrono.*

Le Génie du Senat, dans les médailles d'Antonin, eſt un jeune homme revêtu d'un grand manteau : il tient de la main gauche un dard, & de la droite, un rameau de fleurs.

Les Lares étoient les Dieux domeſtiques. Ils étoient repréſentés ſous la figure d'un chien ; ils gardoient non-ſeulement les maiſons, mais auſſi les rues & les chemins : bien des perſonnes croient que les grands Dieux, Jupiter, Neptune, Pluton, Apollon, &c. ont servi de Génies, de Lares & de Penates. Plusieurs de ces petites Statues, qui ornent les cabinets de l'Europe, ont été des Dieux Penates.

Les Romains avoient un Dieu tutelaire, & quand ils assiégeoient quelque Ville, ils faisoient évoquer par un Prêtre, son Dieu tutelaire, en le priant de se retirer chez eux, & lui promettant de l'honorer plus qu'il ne l'étoit en sa propre Ville.

DE LA RELIGION DES EGYPTIENS.

La Religion d'un Peuple influe ordinairement sur ses mœurs : il est donc nécessaire de donner une idée générale des sentiments que les Egyptiens & les Romains avoient sur la Divinité. Il se trouva chez ces deux Nations, des hommes assez éclairés, pour connoître l'absurdité de leur Religion ; mais il n'y en eut pas un seul qui osât publier hautement la vérité d'un seul Etre, Créateur du ciel & de la terre. Ils étoient extrêmement superstitieux ; ils avoient une fort grande multitude de Dieux, jufques-là qu'ils adoroient, fans le fçavoir, le vrai Dieu, le Dieu des Ifraëlites, le Dieu inconnu, auquel ils avoient dreffé un Autel, comme S. Paul nous l'apprend au *chap.* 17. des Actes. Cet Apôtre fut lui-même témoin de cette fuperftition ; & pour cet effet, il prononça dans l'Aréopage, une harangue tout-à-fait hardie, où il leur dit : *je vous annonce celui que vous adorez fans le connoître.*

Quoique la Religion des Egyptiens paffe pour la premiere des fauffes Religions, & comme la mere des autres ; il n'eft pas aifé de démêler les commencements de l'idolâtrie. On croit qu'elle n'étoit pas établie du temps de Moïfe ; d'autres croient que le culte des Idoles y étoit déjà établi, & que le Veau d'or des Ifraëlites, n'étoit qu'une imitation du Taureau *Apis*, l'un des principaux Dieux des Egyptiens.

Ifis & *Ofiris* étoient leurs Dieux principaux.

Ifis eft Céres, la Lune, la Terre, Junon, Minerve, Proferpine, Thetis, Cybele, Mere des Dieux, Venus, Diane, Bellone, Hecate ; en un mot, toutes les Déeffes.

Ofiris fe prend pour tous les Dieux.

Les Egyptiens admettoient deux prin-cipes ; l'un bon, l'autre mauvais : du premier venoit la génération, & de l'autre la corruption.

Le Culte d'Ifis étoit plus célébre que celui d'Ofiris ; on le trouve bien plus fouvent fur les marbres. On la regardoit comme la mere & la nature des chofes. Un marbre de Capoue, la qualifie ainfi : *Déeffe* Isis, *qui étes une & toutes chofes, Arrius Babinus vous fait ce vœu.*

Io, Prêtreffe de Junon, fut métamor-phofée en vache par Jupiter, & il la donna à garder à Argus ; Mercure, pour la délivrer, tua Argus : elle fe rendit en Egypte, fur le bord du Nil, elle reprit fa forme de femme, & accoucha d'un fils, nommé Epaphus, dont Jupiter étoit pere. Io devint Déeffe, & fon fils fut Roi d'Egypte, & fonda la ville de Mem-phis. La Déeffe Io eft prife pour Ifis ; elle étoit honorée dans la Gréce.

Ifis eft repréfentée tenant une Croix, ce qui marque l'accroiffement du Nil.

Les trois Statues coloffales d'Ifis qu'on voit à Rome, ont été déterrées dans la vigne *Verofpi.*

Rome

Rome s'oppofa long-temps à l'introduction de ces monftrueufes Divinités :
Pifon & Gabinius, Confuls, les chaffe-
rent de Rome ; les Temples d'Ifis & de
Serapis furent rafés par un Décret du
Senat. Ils forcerent tous les obftacles,
& s'y établirent fi bien, qu'un grand
nombre de lieux publics à Rome, prirent le nom d'Ifis & de Serapis ; leur
culte ne le céda à aucun des autres
Dieux : dans des bas-reliefs on trouve
exprimés les myfteres d'Ifis. Les Prêtres
& les Prêtreffes Egyptiennes portoient
leurs Dieux en proceffion ; après fuivoit
l'Idole de la Déeffe, mere d'Ifis, qu'un
Miniftre portoit fur fes épaules.

La pompe d'Ifis eft exprimée dans un
marbre de la vigne Medicis, à Rome :
le marbre a deux faces, & chaque face
trois figures. La premiere figure, eft
d'une femme qui joue du tympanon ; la
feconde tient le Siftre d'une main, &
une palme de l'autre ; la troifieme eft
d'une femme qui tient un pieu, au haut
duquel eft une efpece de vafe large, &
fur la bafe, un bœuf, ou le Dieu Apis.
La feconde face préfente d'abord une
femme qui tient deux gobelets, fur l'un

des gobelets eft une Divinité qui tient un fouet, fur l'autre eft un oifeau appellé Ibis ; la troifieme tient un inftrument à vingt cordes.

Le *Siftre* eft un inftrument long, avec un manche, le milieu en eft vuide, & la partie d'en-haut finit en demi-cercle ; ce milieu eft traverfé par des baguettes de fer ou de bronze, tantôt de trois, tantôt de quatre. On trouve quelquefois fur ces Siftres, la figure d'Ifis.

Ofiris, pris pour le Soleil, eft repréfenté en différentes manieres : il y en a de tous emmaillotés, tenant d'un côté un fouet, & de l'autre un bâton augural ; on le voit repréfenté avec la tête d'épervier, parce que cet oifeau a la vue perçante & le vol rapide ; ce qui convient au Soleil.

Orus & *Harpocrate* font pris pour le Soleil, auffi-bien qu'Ofiris : on trouve Ifis, Ofiris & Orus enfemble dans une Image.

Harpocrate étoit fils d'Ofiris, qui eft le même que Serapis.

Un autre Dieu fameux chez les Egyptiens, étoit le Bœuf, ou le Taureau *Apis*, que quelques-uns croient être l'image du Taureau , figne célefte. On le menoit à Memphis ; les Prêtres qui le conduifoient étoient au nombre de cent , ils l'initioient aux myfteres & le confacroient : celui d'entr'eux qui le confacroit portoit le diadême ; la fête qu'on faifoit étoit fort extraordinaire. La Salle , ou le Temple où réfidoit Apis , bâti par le Roi Pfammaticus , avoit au lieu de colomnes, de grands coloffes , de douze coudées de haut. Il ne pouvoit vivre qu'un certain nombre d'années , après quoi les Prêtres le jettoient dans leur grande Fontaine , & le noyoient ; ils en portoient un grand deuil , fe rafoient la tête & témoignoient une douleur extrême de fa mort ; ils lui faifoient de magnifiques obfeques.

Le *Chat* étoit auffi en grande vénération. On voit à la vigne Borghefe , à Rome , une femme qui a une tête de chat : le marbre eft moucheté , comme l'eft fouvent la peau de chat ; fur la tête eft un difque. L'Idole eft affife , & tient un grand anneau , auquel eft attachée la figure du T , ou peut-être une croix , que nous voyons fouvent entre les mains des Idoles Egyptiennes.

Le Dieu *Ærulus* a la figure d'un homme à tête de chat.   M ij

Osiris a une tête de Loup, le fouet &
le bâton augural.

Anubis : Dieu à tête de Chien, honoré
non-seulement en Egypte, mais à Rome
& dans tout l'Empire : c'étoit le *Mercure* des Egyptiens.

Les *Sphinx* : Pline affure qu'il en naît
en Afrique, qu'elles font couvertes d'un
poil brun, qu'elles ont deux mammelles :
Albert le grand, écrivant des animaux,
les met au rang des Singes.

L'expérience nous apprend que ces
animaux n'ont jamais exifté, puifqu'on
n'en a jamais vu de femblables ; on les
regardoit comme des Divinités champêtres. Les Prêtres abufant de la crédulité
fuperftitieufe, fabriquerent des Oracles,
par le moyen de certains conduits fous
terre, où ils entroient fecrettement ;
c'eft de-là qu'on répondoit à ceux qui
vouloient s'informer des chofes cachées,
& la voix montant par un tube, dont un
bout tomboit jufques dans la caverne,
& l'autre aboutiffoit à la gueule du
monftre, elle acquéroit dans fa route,
je ne fçai quoi de terrible, que des efprits aveuglés par la fuperftition, ne
manquoient pas de prendre pour une

marque de la préfence divine : ce monftre eft moitié fille & moitié lion.

On mettoit des Sphinx dans lés Salles
des maifons & aux portes des Temples
& des Palais , pour apprendre aux particuliers , qu'il faut fe garder de fouiller
avec trop de curiofité dans les chofes qui
regardent Dieu & les Rois ; parce que
ce font autant d'énigmes embarraffantes
qu'il eft téméraire , inutile , & même
funefte de vouloir & de pouvoir expliquer.

On faifoit grand ufage de cette figure
dans les édifices publics , dans l'empreinte
des anneaux , dans les converfations ;
Sphinx fignifioit Enigme , qu'il falloit en
Egypte deviner , fous peine de la vie.

Il n'y avoit point de bête que les Egyptiens ne miffent au nombre de leurs
Dieux ; le Lion , le Taureau , le Chien ,
le Crocodile , &c. On voit à Turin la
Table Ifiaque , qui eft un tableau de
prefque toutes les fuperftitions des Egyptiens , qu'on croyoit perdu , mais fort
gâtée & défigurée.

Les Egyptiens ne reconnoiffent qu'une
partie des Dieux de la Gréce ; ils n'en
admettoient que douze , Junon , Vefta ,
Minerve , Céres , Diane , Venus , Mars ,

Mercure , Jupiter , Neptune , Vulcain , Appollon ; Alexandre vouloit être le treizieme. Ils admirent ensuite d'autres Dieux subalternes ; les Montagnes , les Fleuves , les Fontaines furent autant de Divinités. Les Romains sembloient encherir par-dessus les Grecs. « Notre pays, dit » Tite-Live , est si plein des Divinités » qui l'honorent de leur présence, que » vous y trouveriez plus facilement un » Dieu qu'un homme ». Pline dit à-peuprès la même chose.

Chacun faisoit des Idoles à sa volonté. On y employoit les métaux & le bois , & comme dit le Prophete Isaïe , d'un même tronc ils tiroient du bois pour se chauffer , & ils faisoient des Statues qu'ils adoroient. Ils ne sçavoient , dit Horace , s'ils feroient de ce tronc , ou un banc, ou une Idole. Ils attribuoient à leurs Dieux toute sorte de crimes.

Les Sçavants eurent recours à l'allégorie.

Junon est prise *à juvando* , parce qu'elle aide. Céres , *à gerendis fructibus.*

Celui qui machine de grandes choses , est appellé *Mars. Minerve* , parce qu'elle menace.

L'Idolâtrie a commencé en plusieurs endroits par le culte du Soleil. Les Perses l'adorerent sous la figure d'un jeune homme, la tête rayonnante, & le plus souvent monté sur un char tiré par quatre chevaux.

Cybele est représentée avec des tours, ou des murs de ville sur la tête, pour marquer que la terre, qui est la même que Cybele, est le soutien & la nourrice des Villes : elle avoit plusieurs noms ; on l'appelloit Rhea, Ops, Tellus, la grande mere, la mere des Dieux, & elle est représentée sous différentes figures.

Atis étoit adoré comme le Soleil. Seraphis, Mithras, Thyphon, Ammon, Adonis, ne sont que le même Dieu. On lui dressa des Statues.

Mithras est le même Dieu que le Soleil. Les Romains qui adopterent ce Dieu de Perse, comme ils adoptoient ceux des autres Nations, lui rendoient un culte particulier : ce furent les Pirates défaits par Pompée, qui apporterent ce culte, qui devint plus célébre dans les siécles suivans. Mithras étoit né d'une pierre : le moyen le plus prompt pour le faire renaître, c'est de frapper une pierre à feu. Mithras étoit dépeint aussi comme un voleur.

Vous lui faites aussi l'honneur
De le peindre comme un voleur.

Deo Soli invicto Mithræ.

On le voit avec la tête d'un Lion & le corps d'un Homme, ayant quatre aîles ; deux montent vers le ciel, & les deux autres descendent vers la terre.

Dans la Galerie Justiniene, à Rome, est un Mithras bachique nud, sans armes, portant le bonnet Phrygien, ou Persan, & tenant des grappes qu'il regarde ; il semble qu'étant arrivé au midi, il ait oublié son cours, pour faire collation & boire du vin en abondance : devant ce Mithras du Midi, est un autre Mithras, qui éteint son flambeau contre terre ; c'est le Mithras Occidental : de l'autre côté, le Mithras Oriental éleve son flambeau. Auprès du Mithras Oriental, on voit un arc, une fleche, un carquois, & outre cela, le couteau dont il se servoit pour égorger le Taureau ; auprès de l'épée est l'inscription : *RAMÆ.*

Panthées, sont des Signes, ou de petités Statues , ou des Médailles , ou des Pierres gravées , dans lefquels le même fymbole porte la figure de tous les Dieux.

Le *Phénix* n'a jamais exifté que dans l'imagination des Anciens. On voit fur plufieurs médaillés , le Phénix repréfenté fur le haut d'un rocher , tout rayonnant de gloire , avec l'infcription , *Felix temporum Reparatio.*

Centaures : La Fable dit , qu'Ixion croyant coucher avec Junon , coucha avec la nuée ; Ixion en fut puni, comme d'un adultere , quoiqu'il ne l'eut pas commis avec Junon , comme il penfoit : la nuée accoucha des Centaures , qui furent élevés au mont Pélion par les Nymphes. De ces Centaures , & des Juments du Pays , vinrent les Hypocentaures , que nous voyons fur les marbres & fur les bronzes. Ces Centaures font fameux , ils étoient hommes & juments tout enfemble. Un de ces Centaures , appellé Chiron , étoit doux, humain , jufte , traitable ; il fut le Précepteur d'Achille : il y a un Centaure à Villa-Borghefe , & on en trouve deux autres , chez le Cardinal Fourrieti.

Achille , dit Strabon , avoit fon Temple à Sigée ; on lui rendoit des honneurs divins.

Deucalion avoit des Autels en Gréce, & étoit adoré comme une Divinité.

On rendit à *Hector* les honneurs divins.

Lycurgue fut déïfié par les Lacédemo-niens.

Pasiphaé avoit un Temple à Lacédemone.

Prothée, qui prenoit toute sorte de figures, étoit un Dieu Egyptien.

Les Romains surpasserent de beaucoup les Grecs dans le nombre de leurs Dieux. S. Augustin, dans son Livre de la Cité de Dieu, nous en conserve le nom : le Livre de la Cité de Dieu, de S. Augustin, est admirable. Quelques Critiques ridicules ont trouvé mauvais que S. Augustin ait parlé d'une maniere aussi libre ; mais les gens sensés pensent autrement. Il a refuté par de sanglantes railleries, des impiétés & des extravagances qui ne méritoient point d'autre réponse : des plaisanteries vives & picquantes étoient les seules armes avec lesquelles il convenoit d'attaquer une croyance aussi absurde que celle des Payens.

Il est important qu'Emile sente tout le

ridicule de ces Religions , qui alloit juſqu'à donner un pouvoir ſur les hommes,
à de prétendues Divinités , aſſujetties aux
vices les plus infâmes : qu'il liſe l'Hiſtoire
Poëtique du P. Gautruche , ou le petit
Traité *de Diis & Heroïbus* , & le Dictionnaire de Mythologie , 3. vol. *in-12.* Paris,
chez Briaſſon , 1745.

Que de choſes n'aurois-je pas à vous
dire ſur la matiere inépuiſable des Divinités des Payens : les Romains avoient adopté les Dieux de toutes les autres Nations.

Le *Ciel* eſt le plus ancien des Dieux ,
comme la *Terre* eſt la plus ancienne des
Déeſſes. Ils eurent pour fils Titan &
Saturne ; Titan devoit ſuccéder au Royaume ; mais par la cabale de ſa mere , il
céda ſon droit à Saturne.

Jupiter étoit fils de Saturne & de Rhea.
Il auroit été dévoré par ſon pere , dès ſa
naiſſance, ſi la mere , au lieu de l'enfant ,
ne lui eût donné une pierre qu'il englou-
tit ſur le champ : Saturne faiſoit ce trai-
tement à tous ſes enfants mâles , parce
que le Ciel & la Terre lui avoient prédit
qu'ils lui ôteroient l'Empire.

Rhea ſe retira en Créte , où elle accoucha dans un antre appellé *Dicté* , &

donna l'enfant à nourrir aux Curetes &
aux Nymphes Adaſtrée & Ida , filles de
Meliſſes , ce qui veut dire Abeilles. Rhea
emmaillota une pierre & la donna à
Saturne , &c.

On compte juſqu'à trois Jupiters.

Le premier & le ſecond ſont nés en
Arcadie ; le premier, fils d'Æter , de ce
Jupiter étoient nés Proſerpine & Bacchus ; le ſecond , fils du Ciel , celui-ci eſt
pere de Minerve ; le troiſieme , fils de
Saturne , eſt né en Crete , où l'on montre ſon Sépulchre.

Jupiter Enfant , eſt repréſenté nourri
par Amalthée , qui lui donne à boire du
lait dans une corne ; un Satire joue de la
flutte ; l'Aigle eſt miſe , parce que c'eſt
l'oiſeau de Jupiter : la troupe qui frappe
du tympanon , repréſente les Curetes &
les Coribantes , qui par l'ordre de Rhea
font un grand bruit , pour empêcher que
Saturne n'entende les cris de l'enfant.

Jupiter Enfant , ſe voit aſſez ſouvent
ſur les médailles : on le repréſente nud ,
ou demi-nud ; ſon ſymbole eſt la foudré ,
qui repréſente ſa puiſſance.

On le repréſente ayant un Aigle à ſes
pieds , une Panthere à la gauche , &

une Pique à la droite : l'Aigle tient la foudre dans ſes ſerres , & dans ſon bec une couronne , ſymbole de Jupiter Victorieux.

Jupiter Serapis : *Jupiter Cuſtos domûs Aug.*

Jovi Regi , *Genio domûs Iſidori Larinatis aram ex voto.*

Jupiter le Foudroyant : il foudroie les Géants.

Jupiter Stator , qui avoit un Temple à Rome ; ainſi appellé , parce qu'il rétablit le combat , lorſque les troupes Romaines ébranlées , prenoient la fuite devant les Sabins : il tient une pique de la main droite , & la foudre de la gauche ; ce qui marque Jupiter en colere , ou Vengeur.

Jupiter Propugnator , Défenſeur contre les ennemis.

Jupiter Ferrerius , *à feriendo.*

Jupiter Olympien , le plus fameux entre les Jupiters.

Jupiter axus , eſt tout jeune , & ſans barbe.

Jupiter tonnant , avoit un Temple à Rome : *Bono Deo brotonti* ; Au Bon Dieu tonnant : il étoit nud , ſans barbe , ayant un Aigle à ſes pieds, & tenant de la main droite la foudre, & de la gauche une pique.

Jupiter le pluvieux, eſt repréſenté dans la colomne Antonine ; c'eſt un vieillard à longue barbe, qui a des aîles & qui tient les deux bras étendus, & la main droite un peu élevée : l'eau ſort à grands flots de ſes bras & de ſa barbe.

Jupiter Ammon, parce que la Lybie, où ſon Temple eſt bâti, eſt remplie de ſables ; parce, diſent quelques-uns, qu'on le trouva entre des moutons & des belliers, aprés qu'il eût été chaſſé du Ciel par les Géants ; ou qu'il ſe métamorphoſa lui-même en bellier, de peur d'être reconnu.

On trouve quelquefois Jupiter & Hercule, avec le titre de *Dii magni* ; Jupiter avec Iſis : on n'en peut donner aucune raiſon, ſi ce n'eſt la dévotion de quelque particulier.

Les fourberies, les parjures, & en général toutes les actions puniſſables par les Loix, lui étoient fort familieres : on ne peut rien voir de plus monſtrueux que le Paganiſme, qui regardoit un tel Dieu comme le ſouverain Maître de toutes chofes , & qui proportionnoit à cette idée le culte qu'il lui rendoit.

Il n'y a point de crime dont Jupiter ne fe foit fouillé : de fes actions infâmes , les Auteurs Chrétiens ont tiré de puiſſans arguments , pour convaincre les Payens , touchant la fauſſeté de leurs Dieux ; comme on peut voir en pluſieurs endroits de Lactance , de Tertulien , de S. Clément d'Alexandrie , d'Arnobe , &c. car , outre que de ſi horribles crimes ne peuvent compatir avec la Divinité , les Gentils pouvoient prendre de-là un juſte prétexte pour s'adonner à toute forte de crimes , ne croyant pas faillir en imitant leurs Dieux.

Junon , Sœur de Jupiter : il en devint amoureux ; & la trompa fous la figure d'un coucou. Il la prit à femme & en eut un fils , nommé *Vulcain* , & trois filles ; quelques-uns y ajoutent Mars. Ils ne firent pas bon ménage enſemble ; c'étoient des quérelles & des guerres continuelles ; il la pendoit en l'air & lui mettoit une enclume à chaque pied ; elle , tâchant de lui rendre la pareille , conſpira avec Neptune & Minerve pour le charger de liens ; mais Thetis la Né-

réïde amena à son secours , Briarée ;
dont la seule présence arrêta les desseins
de Junon.

Je trouve dans la vie de Junon , que
personne n'a moins de part à la vie bien-
heureuse , qui est un état très-essentiel à
la nature Divine , que la plus grande
Déesse. Je ne me fonde que sur le caractere de ses emplois , quelque pénibles ,
& quelque remplis de désagréments qu'ils
pussent être , & quelque sujet qu'ils aient
donné de tourner en ridicule le systême
des Payens. Elle avoit l'intendance des
mariages & de leurs suites : on ne pré-
tendoit pas qu'elle s'arrêtât à la porte
de la chambre nuptiale , on lui demandoit aussi son assistance dans le lit nuptial :
elle y entroit sous le titre de *Dea Mater
prema* & de *Dea pertunda* , accompagnée
du *Deus Pater subigus.* C'est sur cela que
S. Augustin a tourné en ridicule le Paganisme. Il en a fait sentir l'impertinence
d'une maniere assez libre & assez enjouée.
On s'exposeroit à la censure de tous les
Puristes , si l'on traduisoit exactement
en François les paroles de S. Augustin ,
de Civitate Dei , l. 6. c. 9. m. 599.

Les objections que S. Augustin leur

fait , font terraſſantes , & l'on ne conçoit pas que les meilleurs apologiſtes euſſent pû les éluder : le reproche que S. Auguſtin appuye ſur la multiplication non-néceſ-ſaire des Etres , étoit capable tout ſeul de les mettre à bout. Quelle défiance des forces humaines , de croire que Junon avoit beſoin d'être ſecourue par trois à quatre autres Divinités ! Si ceux qui forgerent ce culte avoient eu des adverſaires auſſi habiles & auſſi puiſſans que S. Auguſtin , ils euſſent été plus cir-conſpects & n'auroient pas tant lâché la bride à leurs fourberies.

Les images de Junon ne ſont pas aiſées à diſtinguer ; on la peint en Matrone , quelquefois avec un ſceptre à la main : j'ai vu celle de la vigne Borgheſe ; elle a l'air d'une Matrone véritable , avec cette inſcription : *Junon la Reine.*

Junon Lucine , qui préſidoit aux couches.

Junon Conſervatrice , eſt déſignée par un Cerf ; elle étoit cenſée préſider ſur la monnoie ; elle avoit à Rome un Temple de ce nom : *Juno Moneta.* Le revers de la médaille repréſente les inſtruments de la Monnoie , le marteau , l'enclume , les

renailles & le coin. On donnoit à Junon
comme à Jupiter, différens noms & fur-
noms, dont les uns étoient locaux, &
les autres pris de quelque qualité, ou de
quelque attribut. L'oiseau favori de
Junon, étoit le Paon : elle voulut conferver fur fon plumage les yeux d'Argus,
que Mercure avoit tué.

On donne à *Neptune* une infinité de
faits particuliers, rapts, enlévemens,
&c. Il épousa Amphitrite, qui ayant eu
long-temps de la répugnance pour le
mariage, céda enfin à la médiation de
deux Dauphins, qui la trouverent au
pied du mont Atlas, & l'emmenerent à
leur Roi fur un char en forme de coquille.
On prétend que plusieurs hommes ont
vécu en divers temps, & que leurs actions
ont été rapportées à une feule Divinité.
Les Maîtresses de Neptune ont été fans
nombre : Neptune est ordinairement repréfenté nud & barbu, tenant un trident.

Pluton, troisieme fils de Saturne, eut
les Enfers pour fon partage, d'autres
difent qu'il eut l'Espagne & les autres
Régions Occidentales.

Céres est représentée tenant des épics
& des pavots aux mains. Une autre tient

des pavots d'une main, & de l'autre un sceptre ; la troisieme, un flambeau pour chercher sa fille.

Elle est souvent couronnée d'épics, quoiqu'en différentes manieres.

Vulcain est le Pere des Forgerons, & Forgeron lui-même : on le représente barbu, la chevelure un peu négligée, couvert à demi d'un habit qui ne lui descend que jusqu'aux genoux, portant un bonnet rond & pointu, tenant de la main droite un marteau, & de la gauche, des tenailles. Comme Vulcain étoit le Dieu du feu, on le mettoit sur le *Pulvinar* avec Vesta, la Déesse du feu. Le menu peuple d'entre les Payens, croyoit que ces montagnes & ces gouffres qui jettoient feu & flamme, comme le mont Ætna en Sicile, & l'Isle d'Hiera, étoient des forges du Dieu Vulcain.

Appollon : on en compte plusieurs. On le dépeint en beau jeune homme, avec la lyre & la guitarre, quelquefois avec un Serpent, comme le symbole de la médecine ; ou avec l'arc & la trousse ; ou auprès d'un trépied, sur lequel il rendoit des Oracles ; ou enfin avec les Muses, comme le Chef & le Conducteur de toute la troupe.

Des Oracles. Un Médecin de Harlem, nommé Vendale, a publié un Traité *de Oraculis Ethnicorum ;* il prétend prouver que c'étoient tous des artifices des hommes, où les démons n'avoient point de part, & qu'ils ont duré autant que le Paganisme : il y avoit des Loix, pour empêcher les incrédules de decréditer les Oracles, & les simples de percer dans les mysteres.

C'est une question problématique, si les Oracles des Payens étoient dictés par les démons ou par les hommes : la Religion n'est point intéressée à cette question, la foi demeure pure & saine, on n'en trouve point les démons moins méchans ni moins ennemis du salut des hommes. M. de Fontenelles n'ayant pas voulu répondre au P. Baltus, avoit coutume de dire qu'il avoit laissé entrer le diable en tous ses droits. On ne peut concevoir comment on pouvoit animer des Statues, les faire mouvoir, suer, tourner les yeux & la langue ; le P. Baltus leve hardiment la difficulté, en niant le fait ; mais par malheur il est véritable & constant. Il est certain qu'il y avoit du surnaturel, sans quoi ils n'auroient pas manqué de

tomber dans le difcrédit ; la fourbe des
Prêtres n'étoit pas feule capable d'entretenir les hommes dans un aveuglement
fi général , fi le malin efprit ne s'en fût
mêlé : la venue de Jefus-Chrift ferma la
bouche aux faux Dieux. Plutarque , dans
le fecond fiécle de l'Eglife , a fait un
Traité de la Ceffation des Oracles. Cet
effet miraculeux eft prédit par le Prophête Zacharie , chap. 13. « Dans ce
» temps-là j'éteindrai dans le monde la
» réputation des Idoles , & il n'en fera
» plus fait mention : je chafferai de
» la terre les faux Prophêtes & l'efprit
» immonde qui les infpire.

Il eft bon d'avoir , pour l'intelligence
de la Fable , un Dictionnaire Abrégé de
Chompré , 1752. in-12.

Niobé étoit fille de Tantale ; elle avoit
douze enfants tous bien nés ; elle mépri-
foit Latone, qui s'en vengea par les mains
de fes enfants ; qui à coup de fléches les
tuerent tous. Appollon & Diane paroiffent
en l'air, décochant impitoyablement leurs
fléches fur cette famille ; la plus petite
des filles embraffe fa mere , qui tâche
de la couvrir ; un cheval fe dreffe , &
faute fur une de fes filles : c'eft un des

plus beaux reſtes de l'Antiquité qu'il y ait à Rome , à la vigne Medicis.

Mars : les anciens Monuments le repréſentent armé d'un caſque , d'une pique & d'un bouclier , tantôt nud , tantôt avec l'habit militaire : Homére lui donne l'épithete d'inconſtant & de quérelleux.

Mercure : il n'eſt point de Divinité à qui l'on attribue plus de fonctions ; il en avoit de jour , il en avoit de nuit ; il étoit le Dieu des Marchands & des Voleurs.

Hermaphrodite étoit fils de Mercure & de Venus : ce beau jeune homme , aimé de la Nymphe Salmace , ne put jamais être attendri : la Nymphe l'ayant un jour trouvé , comme il ſe lavoit dans la fontaine , l'embraſſa étroitement , & obtint des Dieux , que de deux corps il ne s'en feroit qu'un où les deux ſexes feroient diſtingués ; & il obtint auſſi des Dieux à ſon tour , que tous ceux qui ſe laveroient deviendroient *Androgines* , c'eſt-à-dire , hommes & femmes : on voit à la vigne Borgheſe l'Hermaphrodite.

Hermes , font ce que les Latins appelloient *Termini* : ils étoient adorés comme des Dieux.

Les Statues de *Minerve* font ordinairement affifes ; elle paffe pour l'inventrice de la Guerre : elle avoit plufieurs noms, *Pallas*, *Athena*, *Alcomene*.

Medufe étoit une très-belle fille, qui avoit peu de foin de fon honneur, Neptune en devint amoureux ; ils profanerent enfemble le Temple de Minerve, ce qui irrita tellement cette Déeffe, qu'elle métamorphofa en ferpents les beaux cheveux dont elle fe glorifioit, & donna à fes yeux la force de changer en pierre tous ceux qu'elle regardoit. Perfée, fils de Jupiter, par le fecours de Mercure & de Minerve, qui lui prêta fon bouclier, lui coupa la tête : c'eft cette tête de Medufe que nous voyons ordinairement fur l'Egide de Minerve. A l'entrée des chambres du Palais Colonne à Rome, on voit une tête de Medufe de pierre Paragone.

Le *Palladium* étoit une petite Statue de Pallas de trois pieds de haut : elle n'étoit que de bois.

Diane : la plus connue eft celle qui eft fille de Jupiter & de Latone & fœur d'Appollon ; c'eft à celle-là qu'on a rendu des honneurs divins, bâti des Temples & érigé des Autels : elle garda une virginité perpétuelle , tout de même que Minerve sa sœur. Elle est ordinairement représentée avec l'arc & la trousse , en habit court pour la chasse , elle a quelquefois un chien à ses côtés : on ne voit gueres Diane assise , elle est presque toujours debout , ou courant après le gibier.

Acteon , fils d'Aristée & d'Antoué , trouva Diane qui se baignoit , & l'ayant considérée avec trop d'attention , fut métamorphosé en Cerf.

Diane Hécate , recommandable par sa grande taille : on prétend qu'Hécate & Proserpine sont la même , & que Diane , entant qu'elle est prise pour la Lune , n'est autre chose qu'Hécate & Proserpine. Elle est représentée triple , par trois figures adossées les unes aux autres : Apelée l'appelle la Proserpine à trois faces. On la peignoit ainsi , parce que les Anciens remarquoient trois figures à la Lune , celle du croissant à deux cornes , celle qui ne la montre qu'à demi , & la pleine Lune ; selon d'autres , parce qu'elle préside à la naissance , à la santé & à la mort.

Diane

Diane d'Ephese : elle a plufieurs Statues coloffales, elles fe reffemblent toutes par les mammelles, qu'elles ont en grand nombre fur le fein : on donnoit auffi plufieurs mammelles à Ifis. Il y avoit auffi à Rome *Templum Fortunæ mammofæ.*

Venus : de toutes les Venus, celle qui s'eft attirée le culte des Grecs & des Romains, eft la fille de Jupiter & de Dioné ; ce qui n'empêche pas qu'on ne trouve des monuments de *Venus Célefte*, de *Venus Marine.* Celle qu'on voit à Rome, va fur un Triton, montée fur des chevaux marins, ayant la tête fous un grand voile que la mer enfle ; Cupidon nage à fon côté, deux autres vont derriere ; fon corps fe termine en poiffon.

Venus la populaire, Déeffe de l'Amour, appellée Cypris par les Grecs. Praxitelle fit deux Statues ; l'une vêtuë, que ceux de l'Ifle de Cos acheterent ; & l'autre nuë, qu'il vendit aux Enidiens. Celle-ci devint fort célébre, la beauté de cette Statue attiroit un concours de gens, qui venoient de tous côtés, la voir & l'admirer : un entr'autres, qui lui rendoit de fréquentes vifites, en devint paffion-

Tome I.   N

nément amoureux, jufqu'à la demander en mariage aux Enidiens ; il lui faifoit de grands préfents : les Enidiens n'en furent pas fâchés, eftimant que cela faifoit honneur à la beauté de leur Déeffe, & la rendoit plus célébre dans le monde.

Entre les Statues de Venus, la plus belle eft celle qu'on voit à Florence, dans la Gallerie du Grand Duc : celle de la vigne Borghefe à Rome, eft affez modeftement vêtuë ; elle s'appuie de la main gauche fur un vafe, où font apparemment les parfums dont elle fe fervoit après le bain.

Venus & *Adonis* : les Nôces de Pélée furent l'occafion du débat entre Junon, Minerve & Venus. On y voit une affemblée des Dieux, dans laquelle la Difcorde jetta une pomme d'or, portant cette infcription : *A la plus belle.* Jupiter renvoya le jugement de cette affaire, au Berger *Paris*, qui les obligea de fe dépouiller, & adjugea le prix à Venus. Ce monument eft à Paris, dans le cabinet de M. Bignon.

Les *Graces* étoient compagnes de Venus : elles étoient au nombre de trois.

Quoiqu'ordinairement elles soient vê-
tuës, celles de la vigne Borghese sont
nuës ; elles tiennent des fleurs , & s'entr'embraffent , ensorte que deux se voient
en face , & une tourne le dos.

Cupidon : on le représente sautant ,
danfant , jouant , badinant , montant sur
des arbres ; il dompte les Centaures &
les Lions , & monte sur eux ; il aiguise
ses fléches : Cupidon , les Jeux & Venus
sont mis enfemble dans Horace. Il devient amoureux de Psyché & l'époufe ;
Psyché boit de l'ambroisie , & devient
immortelle. La Morale qu'on peut tirer
de cette Fable , est que la coutume en-
traîne souvent malgré qu'on en ait ; elle
force à suivre les attraits de Venus & de
l'amour charnel ; on y résifte , elle nous
traîne par les cheveux , quoique librement ; vous suivez un penchant malheureux dont vous connoiffez les pernicieux
effets & les fâcheufes suites , qui produi-
fent la tristeffe & la follicitude , autres
bourreaux qui nous tourmentent , mais
qui n'expient point le péché , à moins
qu'il ne soit suivi de la pénitence &
du changement de vie. Les Payens admettoient l'expiation des péchés.

Hercule : le plus connu , & qui étoit honoré chez les Grecs & les Romains , eſt le fils de Jupiter & d'Alcmene, femme d'Amphitrion , Roi de Thebes. La Vertu & la Volupté ſe préſentent à Hercule encore jeune , ſous la figure de deux femmes , il embraſſe la Vertu.

L'Hercule de Farneſe eſt un chef-d'œuvre de l'art : c'eſt l'ouvrage de Glicon l'Athénien , qui a immortaliſé ſon nom , en le mettant au bas de cette admirable Statue. Il eſt repréſenté , ſe repoſant ſur ſa maſſue , revêtuë par le haut de la peau du Lion de Némée.

Il embraſſa un genre de vie dur & laborieux : il combat le Lion Néméen , à l'âge de ſeize ans; il épuiſa ſon carquois contre cette féroce bête ; il ſaiſit ce Lion, le déchira de ſes mains , & lui enleva de ſes ongles la peau , qui lui ſervit depuis de bouclier : il combat l'Hydre de Lerne , monſtre à ſept têtes , ſelon quelques-uns. On prétend qu'Hercule fut englouti par une Baleine , & qu'il ſortit chauve de ce ſéjour.

Cette Fable eſt une imitation de l'Hiſtoire de Jonas.

On voit à Narbonne un monument qui

repréfente Hercule jeune, fans barbe, portant un manteau fur l'épaule, & menant le Chien Cerbere, qu'il emmena à Euriftée.

Dans la Gallerie Juftiniene, à Rome, fur une bafe, ou un Autel quarré, font repréfentés les Travaux d'Hercule. On voit Hercule fuccombant fous le poids de Cupidon, qui monte fur fes épaules, lui tient les mains liées derriere le dos, l'infulte & l'accable de fon poids.

Bacchus : Ciceron en compte cinq, qui ont différentes origines. Le plus connu, eft celui qui eft fils de Jupiter & de Semelé : on le voit à Rome entre les bras du vieux Silene, couronné de feuilles de vignes & de corymbe ; Silene eft le pere nourricier de Bacchus, il a des oreilles de chevre, & une queue de Faune ; il eft appuyé fur un tronc d'arbre, couvert d'une peau de bête, & entortillé d'un fep de vigne.

Bacchus devenu grand, trouva l'art d'exprimer le jus du raifin avec des preffoirs. On le peint jeune, parce qu'il ne vieillit point : fes fymboles font, le Thyrfe, la Couronne de Lierre ou de Pampres, la Coupe ou un Pot à boire,

à différentes formes ; il est quelquefois
si pris de vin , que ne pouvant se soutenir , les Satires l'embraffent & le tiennent
ferme , de peur qu'il ne tombe.

Ariadne , après avoir aidé à Thefée à
fortir du Labyrinthe , fut abandonnée
par cet ingrat en l'Ifle de Nazos ; Bacchus , charmé de fa beauté , la prit pour
femme.

Une des plus belles repréfentations du
triomphe de Bacchus dans les Indes , &
du mariage d'Ariadne , fe voit dans un
bas-relief de la vigne Montalte à Rome.
Bacchus & Ariadne font dans un char ,
tiré par des Centaures ; le cortege eft
grand ; des joueurs de fluttes & de tym-
bales , de l'un & de l'autre fexe , font à
la tête de la troupe ; le vieux Silene eft
courbé pour verfer du vin ; Bacchus tout
affoupi & pris de vin , paffe fon bras fur
l'épaule d'Ariadne , pour verfer du vin
dans une coupe que tient un jeune Faune
qui termine la bande.

On voit à Rome une piece antique &
finguliere , de cuivre , qui femble une
écumoire : cet inftrument fervoit aux
Fêtes de Bacchus. Les Grecs & les
Egyptiens célébroient deux Fêtes de

Bacchus ; l'une en laquelle chaque maifon facrifioit une Truye devant fa porte, à l'heure du coucher ; les femmes portoient en cérémonie l'image de Priape par les Bourgades, au fon des inftruments, & chantoient comme des Bacchantes, les louanges de Bacchus. Mon cher Emile, il n'eft pas féant de vous en dire davantage, ni de vous expliquer les caufes de ces indécences : n'oubliez pas, quand vous ferez à Rome, de voir le Temple & le Tombeau de Bacchus.

Le Tombeau de Bacchus eft de porphire, chargé de grappes de raifins, de pampres, de petits amours éveillants & foulants des raifins, de vaiffeaux, de tonneaux, de panniers : c'eft un des plus beaux monuments de Rome. Il a fept pieds & cinq pouces & demi du nud au nud, par le haut, & cinq pieds deux pouces par le bas ; il eft large de cinq pieds, & haut de trois pieds & dix pouces, fans compter le deffus, qui eft d'une autre piéce, & a un pied & onze pouces de haut, mefure de France.

Dans le College Romain, on voit une Bacchante, qui porte des pendants d'oreille, un bandeau à la tête, fes cheveux épars, les yeux élevés au Ciel & une double tête de Bacchus où il porte une outre.

Les *Sybilles* étoient des Prophéteffes, dont les Livres étoient foigneufement gardés à Rome. On a fait de gros volumes fur le nombre des Sybilles, fur leur pays ; la grande queftion eft, fi les huit Livres qui nous reftent encore aujourd'hui fous le nom d'Oracles Sybillins, font les mêmes Livres qui étoient gardés à Rome avec tant de foin & de Religion ; quelques-uns foutiennent que ce font les mêmes ; d'autres le nient : le P. Monfaucon croit que ces Livres ont été forgés par des Chrétiens.

Les Livres des Sybilles font cités par S. Juftin, par S. Théophile ; Origéne dit que fi les Chrétiens avoient fait glisser dans les Vers de la Sybille, des chofes avantageufes, il feroit facile de les en convaincre, en produifant d'autres exemplaires non-altérés.

On trouve rarement la figure des Sybilles, ou fi on la trouve, il n'eft pas aifé de la reconnoître : on en voit une tête fur une Médaille, ou l'infcription eft *Sybul*, qui ne laiffe aucun lieu de douter que ce n'en foit une.

Les *Veſtales* étoient Vierges , confa-
crées à la Déeſſe Veſta. Rhea Sylvia ,
mere de Romulus , fut miſe , comme
par honneur , par Amulius , ſon oncle ,
au nombre des Veſtales , mais ſon véritable deſſein étoit par-là de l'empêcher
d'avoir lignée.

Numa Pompilius en inſtitua quatre ;
elles étoient éluës par le ſort ; elles ne
devoient avoir aucun défaut de langue ,
ni de l'oüie , ni d'autre défaut corporel ;
elles étoient Vierges & gardoient le feu
ſacré ; on leur coupoit les cheveux , qu'on
enterroit au pied d'un arbre , appellé
Lotus : après trente ans de virginité , il
leur étoit permis de ſe marier. On fouet-
toit les Veſtales , quand le feu ſacré venoit à s'éteindre , & on le rallumoit
avec de certaines cérémonies. Leurs pri-
vileges étoient grands ; elles pouvoient
teſter du vivant même de leur pere ;
elles étoient précédées par des Licteurs.
Si elles rencontroient un criminel qu'on
conduiſît à la mort , il étoit délivré ſur
le champ , pourvu qu'elles juraſſent que
c'étoit par haſard , & non à deſſein ,
qu'elles s'étoient trouvées là : elles portoient les cheveux liés d'un ruban. Les

Loix étoient extrêmement séveres contre celles qui violoient la chasteté : lorsqu'elles étoient tombées dans de légeres fautes, qui tendoient à cela, elles étoient seulement fouettées : quand l'inceste étoit avéré, on en punissoit l'auteur, en lui insérant la tête entre les deux branches d'une fourche, & le fouettant jusqu'à la mort. La Vestale qui avoit péché, étoit conduite par les parents à la porte Colline ; le Souverain Prêtre faisoit là quelques prieres, & la livroit au Bourreau, qui la faisoit descendre par une échelle, dans une chambre souterreine, où l'on avoit mis une lampe ardente, un peu de pain, de l'eau, de l'huile & un petit lit : on bouchoit ensuite le trou de la terre, & on applanissoit le dessus, ensorte que rien ne paroissoit.

V E T E R U M   Æ D E S.

Il y avoit à Rome deux sortes de Maisons ; celles du bas peuple, des Marchands & des Artisans, comprises sous ce mot, *Insulæ*.

Rien n'a surpassé la magnificence des grandes Maisons de Rome, qu'on appelloit , *Domus* , par excellence ; les plus beaux marbres n'y étoient point épargnés ; l'or , l'argent & l'yvoire y brilloient de toutes parts.

Le premier qui commença à employer des marbres pour orner sa maison , fut L. Craffus , qui fut Cenfeur en 662. ; il mit au Frontifpice douze colomnes de marbre , tirées du Mont-Hymette , auprès d'Athênes.

Maifon de Néron : fon Veftibule , dit Suetone , étoit un Coloffe , haut de fix-vingts pieds , qui repréfentoit Néron : ce Veftibule étoit fi vafte , qu'il y avoit trois portiques d'un mille chacun de longueur. Dans l'enceinte de ce grand Palais , il y avoit un étang , ou un baffin d'eau , qui paroiffoit une mer ; ce fut le lieu où Vefpafien bâtit depuis ce bel Amphithéâtre , qu'on appella dans la fuite du temps , le Colifée. Cet étang , pourfuit Suetone , étoit entouré de maifons , qui avoient l'apparence d'une Ville : la grande enceinte de ce Palais renfermoit des champs , des vignes , des forêts remplies de beftiaux de différente efpece ; on y trouvoit auffi des bêtes fauves. Toutes les parties de ce bâti-

ment étoient brillantes d'or , de pierre-
ries & de perles ; les Salles à manger
étoient lambriſſées , remplies de Tables
d'yvoire mobiles & verſatiles , afin que
par les intervalles on pût faire pleuvoir
des fleurs & des parfums. La plus grande des Salles étoit ronde & tournoit
perpétuellement , tant le jour que la
nuit , à la maniere de cet Univers. Les
Bains étoient mêlés de l'eau de la mer
& de celle de la Riviere Albula. Quand
la maiſon fut achevée , & lorſqu'on en
faiſoit la dédicace , Néron , content de
ſa forme & de ſa ſtructure , dit , qu'il
pouvoit enfin ſe loger en homme. Une
particularité fort remarquable de ce
Palais , eſt qu'il y avoit un Temple dédié
à la Fortune , que Néron fit rebâtir
d'une pierre apportée de Cappadoce , ſi
tranſparente , que ſans aucune fenêtre ,
& la porte étant fermée , ceux qui
étoient dedans voyoient fort clair en
plein jour.

Sous les Empereurs ſuivans , on fit de
fort beaux Palais. Les Gordiens en
bâtirent un très-magnifique dans la Ville ,
mais leur maiſon de campagne , en la
voie appellée Préneſtine , étoit compa-

rable à tout ce qu'on avoit vu de plus grand. Elle renfermoit un grand quarré, & deux cents colomnes, toutes d'une égale hauteur ; il y avoit dans cette maifon de campagne, trois Bafiliques de cent pieds de long ; & des Thermes fi grands, qu'on n'en voyoit qu'à Rome qui puffent leur être comparés.

DES CIRQUES.

L'origine des Cirques, que les Grecs appelloient Hypodromes, n'eft pas bien certain. On dit que ce fut Romulus qui les établit à Rome ; il a été orné, embelli, & comme renouvellé par plufieurs Empereurs : il pouvoit contenir, dit-on, trois cents mille Spectateurs. Le bas du Cirque, en dehors, étoit un rang de boutiques de Marchands, ménagées dans les plus baffes arcades : du petit côté, qui étoit vers le Tibre, étoit ce qu'on appelloit *Carceres*, les prifons, où l'on tenoit les chevaux qui devoient courir ; il y avoit de ce côté-là douze portes endedans, par où on lâchoit les chevaux avec de certaines machines ; ces portes fe levoient toutes à la fois.

Les courses de chevaux n'étoient pas le seul exercice qui se faisoit au Cirque : après les courses des chevaux & des chariots, commençoient les courses à pied. Il y avoit ensuite la lutte : on oignoit le corps des Athletes, qu'on appelloit *Pugiles*, *à pugno*, parce qu'ils se servoient du poing pour se battre ; ils se battoient jusqu'à ce que l'un terrassoit l'autre, & qu'il demandoit quartier à son adversaire. Quelquefois leurs mains étoient garnies, ou d'une pierre, ou d'un globe de plomb. Alors l'exercice étoit plus violent, & apparemment le combat plus court ; c'étoit un jeu à s'assommer bientôt. Le Jeu du Ceste étoit encore plus violent : les Lutteurs s'armoient le poing de lames d'airain, & les bandoient de courroies : il falloit être bien charnu, pour soutenir un si violent exercice.

Une autre maniere de combat, étoit une espece de massue, où étoient attachées des courroies, au-bout desquelles étoient des globules de plomb.

Le Jeu du Disque, étoit à-peu-près comme notre palet ; il étoit rond & plat, de fer ou de plomb.

La Danse étoit encore un exercice du Cirque.

POMPA ROMANORUM.

C'étoit une Procession qui se célébroit à Rome , en mémoire d'une victoire remportée sur les Latins. Cette Fête fut d'abord consacrée aux Dieux , Jupiter , Junon & Minerve : on y portoit les Statues & les Images des Dieux , avec leurs marques & leurs ornements ; Jupiter avoit pour symbole la Foudre & l'Aigle; Minerve , l'Olive & l'Huile ; Neptune , le Cheval ; Mercure , le Caducée & les Lettres. Les douze Grands Dieux marchoient devant , après ceux-là suivoient les Dieux subalternes , les demi-Dieux & les Héros , les Empereurs & les Impératrices , &c. On voyoit après tout , le College des Prêtres.

Des Grands Chemins des Romains.

Ils alloient depuis les colomnes d'Hercule , en traversant l'Espagne & les Gaules , jusqu'à l'Euphrate , & jusqu'à la partie la plus méridionale de l'Egypte. Le centre de tous ces grands Chemins étoit la pierre *milliaire* , plantée au milieu de Rome : de-là les Chemins se divi-

foient en un grand nombre de branches,
qui s'étendoient dans toutes les parties
de l'Empire Romain. Ceux d'Italie
étoient mieux conftruits que les autres :
on les voit fur-tout dans les Voies Flami-
niene, Apiniene, lefquelles, avec l'Emi-
liene, étoient les plus grandes Routes
de l'Italie. Quoique la Voie Apiniene
ait plus de deux mille ans d'antiquité, on
la voit encore dans fon entier, l'efpace
de plufieurs milles, du côté de Fondi ;
mais les pierres de deffus étant ébranlées ou détachées, on évite ce pavé,
comme extrêmement incommode aux
Caleches & aux autres Voitures roulan-
tes. Les pierres de ce pavé font de couleur de fer, d'une dureté qui paffe le
marbre ; elles ont environ d'épaiffeur un
pied de Roi ; le fond en eft de moilon,
avec un ciment très-fort, & qu'on a
peine à rompre ; au-deffus eft une couche de gravois, cimentée de même,
entremêlé de petites pierres rondes : les
groffes pierres qui faifoient le pavé, s'en-
chaffoient aifément dans cette couche
de gravois encore molle : il y avoit des
lieux où ces grands Chemins avoient des
bords, pour les gens à pied, qu'on appel-

loit *Margines*. Les Romains fe faifoient des grands Chemins à travers les Montagnes. Il y en a un exemple permanent en la grotte de Pouzzol, où la montagne efcarpée, qui eft entre cette Ville & Naples, eft percée d'un bout à l'autre, enforte qu'on y va de plein pied : aux deux extrémités, l'ouverture fort haute & relevée va toujours en baiffant, & cela pour donner du jour ; on a fait vers le milieu des ouvertures qui percent la montagne, & portent le jour du haut en bas.

PONTES ROMÆ.

Les Anciens Ponts de Rome étoient au nombre de huit : les plus remarquables qui exiftent, font le Pont S. Ange, appellé le Pont *Ælius*, bâti par l'Empereur *Ælius Hadrianus*. Hors la Ville, eft le Pont *Milvius*, nommé *Ponte Mole*, qui n'a rien de bien confidérable.

Quand on vient de Narni, fur le chemin de Lorette à Rome, on voit un ancien Pont rompu, qui paroît avoir été fort magnifique. Ce Pont joint deux montagnes, entre lefquelles paffe le Nera, eft d'une hauteur extraordinaire, & fut fait ainſi par Auguſte, afin que ceux de Narni puſſent aller de plein pied d'une montagne à l'autre : la longueur du Pont d'une montagne à l'autre, eſt de huit cents cinquante palmes.

Le Pont du Gard, à trois lieues de Nîmes, ſervoit de Pont & d'Acqueduc, pour porter l'eau à Nîmes ; c'eſt un des plus beaux monuments de la magnificence des Romains.

AQUÆDUCTUS ROMANI.

Ils ſont ordinairement de brique, ſi bien cimentée, qu'on a peine à en détacher des morceaux. Quand le terrein étoit ſi haut, qu'on ne pouvoit trouver la pente néceſſaire, on faiſoit des canaux ſouterreins bien bâtis, qui portoient l'eau dans les Acqueducs, bien élevés ſur terre & bâtis dans le fond & dans les pentes des montagnes. Si l'eau ne pouvoit trouver ſa pente, qu'à travers d'une roche, on perçoit cette roche à la hauteur de l'Acqueduc inférieur. Ces Acqueducs, qui pouvoient aller tout droit à la Ville, n'y vont que par des ſinuoſités fréquentes & des eſpeces de zigzags ; la raiſon eſt , qu'on a ſuivi ces routes tortues , pour prendre les terreins plus élevés ; parce qu'en prenant le bas , il auroit fallu faire des arcades d'une hauteur extraordinaire : l'autre raiſon étoit , pour empêcher la trop grande impétuoſité de l'eau , qui coulant toujours droit , auroit nui aux canaux en peu de temps. C'étoit encore pour avoir l'eau meilleure.

LES CLOAQUES DE ROME.

Elles s'étendoient ſous toute la Ville , & ſe ſubdiviſoient en pluſieurs branches , qui ſe déchargeoient dans la riviere. C'étoient de grandes & hautes voûtes bâties fort ſolidement , où l'on alloit par batteaux ; ce qui a fait dire à Pline , que Rome étoit ſuſpendue en l'air , & qu'on navigeoit ſous les maiſons : Il y avoit des endroits où des charrettes chargées de foin pouvoient aller ſous ces voûtes. Ces voûtes ſervoient à ſoutenir le pavé des rues : il y avoit d'un eſpace à l'autre , des trous , par où l'on jettoit les immondices dans ces Cloaques , & qui conſervoient toujours la Ville nette & propre. La quantité incroyable d'eau qui fe déchargeoit dans ces Cloaques, faifoit que tout étoit emporté promptement dans la riviere.

URNÆ SEPULCHRALES VARIÆ.

Il y en avoit d'or, d'argent, de cuivre, d'albâtre, de porphire, de marbre; on en faifoit pour le bas peuple de terre cuite : dans les funérailles de Patrocle, Achille mit fes offements dans une Urne d'or.

On en voit à Rome une quantité furprenante : il y en avoit où l'on mettoit les offements tous entiers, & dans leur ordre naturel, autant qu'il fe pouvoit : c'étoient de grandes tombes. Il y avoit des Urnes rondes qu'on rangeoit dans les *Collombaria*. *Cineralia* étoient des cellules à conferver les cendres. Dans le monument découvert à la vigne Corfini, on voit des Collombaria de plufieurs manieres ; on y remarque ces *Ollæ*, ou ces Urnes de terre cuite, enchaffées dans leurs trous : on y voit auffi des Urnes de marbre toutes entieres. Ce grand monument étoit fouterrein ; c'étoit une hypogée, à la maniere des Grecs : on y trouve des Peintures , & des Infcriptions au haut & au bas , qui font très-difficiles à lire.

A la vigne des Auguftins , à Rome , j'ai vu une Urne fort curieufe & fort ornée ; c'eft celui d'un certain Nicephore, Poëte , Muficien & Joueur de Guitarre, qui étoit Synodite ; c'eft-à-dire , d'une Confrairie d'Appollon , qu'on appelloit le Synode.

PATREM, MATREM,
LIBEROS
UNA LUES SUSTULIT,
LACHRYMIS
CONFECTA CYPRIS,
FILIO ET NEPOTIBUS.

On trouve plufieurs exemples de gens qui ont érigé aux chevaux des Sépulchres & des Monuments , comme on peut voir dans Elien , dans Pline. Adrien aimoit tellement fes chevaux & fes chiens, qu'il leur érigeoit des Sépulchres.

MAUSOLEA.

Le nom vient de Maufole , Roi de

Carie , à qui Artemiſe fit faire un Mauſolée.

Les Romains ne céderent gueres à la Reine Artemiſe , s'ils ne l'emporterent par ſur elle.

Le Mauſolée d'Auguſte , dont les traces reſtent encore à Rome , dans l'enceinte du Floraventi , étoit couvert juſqu'à la pointe d'arbres verds. Ce Mauſolée étoit à pluſieurs étages , qui ſe retréciſſoient toujours , & laiſſoient une eſpace , pour y mettre de la terre & faire prendre racine à des arbres. Au plus haut du Mauſolée , qui faiſoit la pointe , étoit la Statue d'Auguſte , & les Urnes qui contenoient ſes cendres & celles de ſes parents : auprès de ce Sépulchre , il y avoit un bois diſpoſé en grandes promenades.

Le Mauſolée d'Hadrien eſt le Château S. Ange : il étoit orné de pluſieurs rangs de belles colomnes , au nombre de quatre-vingts , qu'on voit à Rome dans l'Egliſe de S. Paul , hors des murs ; ce Mauſolée étoit orné de Statues à pied & à cheval ; elles furent briſées pendant la guerre des Goths.

PYRAMIS CESTII.

On voit ce Mauſolée à la Porte de Saint Paul à Rome. La Pyramide eſt toute unie par dehors, l'intérieur eſt orné de quelques Peintures antiques : on y voit une femme aſſiſe, qui lit ou qui chante quelque chant funebre ; une autre qui prépare quelque choſe dans un baſſin ; & la troiſieme tient d'une main un plat, & de l'autre un pot à boire, pour marquer le repas des funérailles. On y voit des Urnes peintes, & l'image d'une Victoire, qui tient d'une main une couronne, & de l'autre un diadême.

On peut mettre encore au nombre des Mauſolées, les Colomnes Trajane & Antonine. Elles ont été faites pour éterniſer la mémoire de ces Princes : les bas-reliefs ſont diſperſés dans tous ces ouvrages.

A *Albano*, il y a un Tombeau couronné de cinq Pyramides de figure conique, qui ont preſque toutes été gâtées par le temps : on l'appelle le Sépulchre des Curiaces.

A la fin d'un ſentier obſcur de la grotte de Pouzzol, dès qu'on commence à voir clair, on apperçoit ſur une éminence le Tombeau de Virgile, d'un ouvrage fort ancien. Le Mauſolée eſt tout nud, les marbres & l'Urne ont diſparu : quelque bel eſprit a dit que la mémoire de ce grand Poëte rendoit le lieu ſi célébre, qu'il ne falloit pas regretter ces ornements perdus. On trouve encore vis-à-vis l'entrée de ce Mauſolée, un marbre à demi déterré, ſur lequel ſont gravés ces deux Vers.

Quæ cineris Tumulo hæc veſtigia ? Conditur olim
Illo hoc qui cecinit Paſcua, Rura, Duces.

On regarde comme une merveille les Lauriers nés ſur la coupole de ce Mauſolée ; quoiqu'on en ait coupé deux à la racine, qui étoient les plus grands de tous, ils renaiſſent & pouſſent des branches de tous côtés. Tout l'Edifice eſt couvert de Myrthes & de Lierres : il ſemble que la Nature ait voulu elle-même célébrer la mémoire de ce grand Homme.

VOTA ROMANORUM.

Un grand nombre de Statues, de Bas-reliefs

reliefs & d'autres monuments , font ou des Vœux ou des accompliſſements de Vœux. Ces Vœux ſe faiſoient pour la ſanté des Empereurs , des Préfets du Prétoire , des Conſuls , Proconſuls , Préteurs , &c. Les particuliers en faiſoient auſſi pour la ſanté , pour l'heureux ſuccès d'un voyage , pour une négociation , &c.

Leur imagination vivement occupée de ce qu'ils ſouhaitoient obtenir , jointe à la prévention où ils étoient , que leurs Dieux leur commandoient de faire tel ou tel Vœu ; tout cela faiſoit qu'ils croyoient avoir ſouvent des apparitions des Dieux. Dans un grand nombre d'Inſcriptions , on voit *ex imperio, ex præcepto Deorum ; ex præcepto Jovis , ex monitu Iſidis , &c.* ; quoiqu'il arrivât ſouvent que ces viſions & ces ſonges n'étoient qu'une pure invention des Prêtres , des Devins & des Fanatiques.

On faiſoit ſouvent des Vœux ſelon ſa dévotion , à telle ou telle Déeſſe ; quelquefois à tous les Dieux. *Terentius Dexter* , fait un Vœu à un Dieu ou une Déeſſe , quel qu'il puiſſe être. On étoit ſi prévenu de ces apparitions , ou en

Tome I.   O

fonge, ou en vifion, que chaque Pays
& chaque Ville avoit des Hiftoires de
cette forte ; & il n'étoit pas fûr de le
nier ; ou de témoigner qu'on n'y ajoutoit
pas trop de foi.

En 1762., Bouchar, Imprimeur à
Rome, a fait graver les Antiquités de
Rome.

DES MÉDAILLES.

C'étoient les monnoyes courantes,
qui avoient cours dans le trafic, &
un prix réglé dans les payemens.

Par le moyen des Médailles, on
connoît les habillemens, les emplois
des Héros, des Rois, des Empereurs,
& toutes leurs actions remarquables.
Que d'emblêmes ! Que de hyerogliphes ! Que de fymboles & de fuperbes dévifes, qui exercent notre efprit
& qui le contentent ! Qu'elle attitude !
Quelle délicateffe n'apperçoit-on point
en certaines Médailles ? Dans les Grecques, principalement, on apperçoit
jufques aux mufcles & aux veines : ce
n'eft pas par le prix des métaux qu'on
juge de la valeur des Médailles ; telle
Médaille d'or fera fort commune, qui

fera très-rare en bronze. Un Othon Latin de grand bronze n'a point de prix ; un Othon d'or ne vaut que trois à quatre piftoles au-deffus de fon poids. Il y a des Médailles d'un or plus pur & d'un plus bel œil que le nôtre, comme l'or des anciennes Médailles Grecques, dont quelques-unes vont à 24. carats & 16. grains ; il y en a d'or mêlé & plus pâle & d'un alloi plus bas, qui eut cours du tems d'Alexandre Severe, qui permit, fur quatre parts un cinquieme d'alliage ; & il y en a d'or, certainement plus alteré, tel qu'on le voit dans certains gothiques.

Les Médailles de métal de Corinthe font les plus recherchées ; on leur donne même la préférence fur celles d'or, ou d'argent. Il y en a de petites, il y en a de grandes, il y en a de moyennes que l'on appelle Mezanes.

Les Antiques font celles qui ont été frappées jufques vers la fin du treizieme fiécle, quelques uns difent du feptieme, qui fut celui où vivoient Phocas & Heraclius.

Les Modernes n'ont commencé a être frappées que vers le commencement du quinzieme siécle : celles de Jean Hus fut la premiere entre les modernes.

Les Antiques font diftribuées en plufieurs claffes ; les Hébraïques , les Puniques , les Parthiques , les Gothiques , les Arabefques , les Françoifes les Efpagnoles , &c.

Le haut Empire fe prend depuis Céfar jufques vers l'an de grace 260. où il finit.

Le bas Empire eft conduit jufques à 1450. , où Conftantinople fut prife par Mahomet II. , & comprend environ 1200. ans.

Toutes ces Médailles du haut ou bas Empire , font ou Latines ou Grecques.

Ce qui donne le prix aux Médailles, eft quand leurs Légendes font difficiles à expliquer : on eftime toujours celles qui font les moins ufées.

Les Médaillons d'or font fort rares ; ceux d'argent font plus communs , & l'on en peut faire des fuites , comme M. Vaillant a fait , à l'égard des Rois de Syrie. On frappoit les Médaillons d'or , comme des monuments publics, qu'on donnoit aux Ambaffadeurs ; les Romains les nommoient *Miffilia* , &

les Italiens les appellent aujourd'hui *Medaglioni*.

Il faut confidérer la tête, le revers : ces têtes compofent cinq ordres différens ; celui des Rois ; celui des Villes Grecques ou Latines ; celui des familles Romaines, qu'on appelle Confulaires ; les Impériales ; les Déïtés.

Les têtes des Médaillons des Villes ne font ordinairement que le Génie, de la Ville même, ou de quelque autre Déïté qui y étoit honorée : ce ne fut que vers le fixieme Siécle que les Monétaires fe donnerent la liberté de mettre la tête des Hommes Illuftres.

Les Monnoies furent affez long-temps fans revers, même fans aucune marque : c'étoient jufqu'au temps de Servius Tullius, des piéces de cuivre brut ; ce Roi les fit marquer d'un bœuf, ou d'un mouton, ou d'un porc.

Les premiers revers furent ou Caftor ou Pollux à cheval, ou une Victoire pouffant un charriot, à deux ou trois ou quatre chevaux. Jules Céfar n'étant que fimple particulier y fit mettre un élephant avec le mot Céfar ; & fur le revers, en qualité d'Augure, ou de Pontife , il fit graver le goupillon , la hache , des victimes & le bonnet Pontifical.

Les Romains ne commencerent à battre monnoie que l'an 484. ; ils ne se servirent de monnoie d'or que l'an 546. ; l'usage des Médailles d'argent commença l'an 484 : on en trouve beaucoup plus que d'or, mais l'argent n'en est pas si fin ; il y en a de pur. Il y en a qui ne sont battues que sur le seul cuivre , & puis argentées , telles qu'il s'en trouve de puis les posthumes ; il y en a de fourrées , qui n'ont qu'une petite feuille d'argent sur le cuivre : c'est une espece de fausse monnoie , qui commença dès le Triumvirat d'Auguste , & qui est une preuve infaillible de l'antiquité des Médailles , & même de la rareté , puisque dès qu'on s'étoit apperçu de la fourbe , on faisoit rompre les coins & on décrioit l'espece. On voit des Médailles de cuivre du temps d'Auguste ; de même , que de cuivre jaune & de vrai bronze ; on en voit aussi de cuivre de Corinthe , qui est un alliage d'or & d'argent avec le cuivre qui l'emporte.

On trouve encore des Médailles de plomb , auxquelles on peut facilement être trompé , parce que la plûpart font modernes & de nulle valeur; au lieu que les plombs antiques font les plus curieux.

Le volume de toutes les Médailles des Anciens , n'eſt ordinairement que depuis trois pouces juſqu'à cinq. Tout ce qui ſuit dans les trois derniers ſiecles , eſt appellé moderne, & compoſe le Cabinet de ceux qui ne donnent pas dans l'Antiquité.

Il n'y a que les Princes qui puiſſent avoir des Cabinets complets.

Pétrarque rechercha avec ſoin les Médailles antiques & donna quelques Médailles Impériales à Charles IV.

Alphonſe , Roi d'Arragon & de Naples , fit chercher avec ſoin des Médailles dans toute l'Italie , & il plaça la ſuite qu'il en avoit formée dans une caſſete d'yvoire qu'il faiſoit porter avec lui.

Coſme de Medicis commença dès le même temps à Florence , cet immenſe recueil de Manuſcrits , de Statues , de Bas-reliefs , de Marbres , de Pierres gravées & de Médailles antiques , qui fut enſuite continué par Pierre de Medicis ſon fils , & par Laurent ſon petit-fils.

O iiij

Sous Louis XII. , Budé nous donna son Traité *de asse* ; c'est ce que nous avons de mieux pour connoître les Médailles , & pour en rendre l'étude plus facile , plus utile & plus agréable : cet Ouvrage a été traduit en plusieurs Langues.

M. Sphaein parle amplement de l'utilité des Médailles ; pour connoître les Empereurs Romains , on doit choisir les Latines , celles qui ont été gravées en Italie & particuliérement à Rome ; celles qui avoient été faites dans les Gaules , dans l'Espagne , ou dans la Gréce , ne ressemblent pas si bien au naturel. Les habiles gens discernent facilement les unes des autres. Les Grecques & celles des Provinces ont ordinairement quelque nom , ou quelque hieroglyphe qui fait connoître les Pays , où elles ont été frappées. On reconnoît les Egyptiennes à leurs bords particuliers ; les Syriennes à leur épaisseur ; les Espagnoles à leur peu de relief : les étrangers n'avoient pas la permission de battre des Médailles d'or de l'Empire. La plûpart de celles d'argent ou de grand bronze , *S. C. Senatus Consulto* , ont été marquées par le Sénat. Les Consuls

n'avoient pas la permiſſion de repréſenter leur tête ſur la monnoie : la plûpart
des Héros n'ont été repréſentés qu'après
leur mort.

Les Provinces ont des marques particulieres.

L'Afrique, eſt coëffée d'une tête d'E-
lephant.

L'Aſie, a un Serpent, & un gouvernail.

L'Europe n'a point de Symbole particulier.

La Macedoine, eſt vetuë en Cocher.

La Mauritanie, eſt marquée par un
Cheval & une houſſine.

L'Egypte, par un Siſtre, par l'Ibis &
par le Crocodille.

L'Achaie, par un pot de fleurs.

L'Eſpagne, par un Lapin, &c.

Les Villes ont auſſi leurs Symboles.

Le Pegaze ailé, eſt le Symbole de
Corinthe.

Le Phénix, marque l'éternité.

Le Paon & l'Aigle, l'apothéoſe des
Princes.

Le Capricorne, l'horoſcope d'Auguſte.

Un Chien barbouillé de rouge, avec
une coquille, *Tyr*.

Le Cerf, marque la Ville d'Epheſe, &c.

O v

Avant de s'appliquer à l'étude des Médailles, il faut étudier la Chronologie, dans les tables du P. Petau, ou d'Usserius ; la Géographie, dans le P. Briet ou Samson ; l'Histoire, dans Herodote, Denis d'Halicarnasse, Dion, Polybe, Tite-Live, Tacite.

Pour commencer l'étude des Médailles, lisez les Dialogues d'*Antonius Augustinus*, le Trésor de Goltzius, le grand Ouvrage de M. Patin, l'excellent Livre de M. Sphaein, *de Præstantiâ & usu Numismatum.* Les antiquaires Grecs & Latins, Pausonias, Rosin, Philostrate.

Pour les Médailles Grecques, il faut avoir Goltzius.

Pour les Familles Romaines, M. Patin.

Pour les Impériales, Occo, de la derniere Edition.

Le grand Ouvrage de M. Patin.

Le Cabinet du Duc d'Arscot.

Pour les Médailles d'or, Hemeralius Chanoine d'Anvers, M. Vaillant, M. du Ganges, pour les familles Bisantines.

Je vous exhorte, mon cher Emile, à avoir une simple connoissance des Médailles, sans vouloir approfondir cette Science , on se rend quelquefois ridicule , pour vouloir trop s'attacher à l'antiquité. Il en est de Médailles , comme de Tableaux , de Diamants , & de semblables curiosités : quand elles passent un certain prix, elles n'en ont plus, que celui que leur donne l'envie, & la faculté des acquereurs. Ainsi quand une Médaille passe dix à douze pistoles , elle vaut tout ce que l'on veut ; par-là, on fait monter les Othons de grand bronze à un prix immense, & on croit que ceux de moyen bronze ne sont point trop chers , quand ils ne coûtent que trente à quarante pistoles. On met presque le même prix aux Gordiens d'Afrique Grecs , quoique de fabrique Egyptienne , parce que l'on n'a que de ceux-là en moyen bronze.

Faites attention , mon cher Emile , que la plûpart des Médailles anciennes sont fausses. Leur prix excessif les a fait contrefaire avec tant d'artifice , qu'il est mal aisé de les distinguer.

Guillaume de Choul , qui est un des premiers curieux qui ait écrit sur les monuments de la Gréce & de Rome , fit graver dans son Livre de la Réligion des

anciens Romains, deux Médailles d'Agri-
pa ; une de grand bronze, au revers
de laquelle l'on voit le Pantheon ; l'autre d'argent , qui avoit au revers un
Neptune , dans un char trainé par deux
chevaux marins ; cette Médaille eſt fauſ-
ſe. A peine a-t-il paru des Curieux qui
ont commencé à amaſſer des Médailles,
qu'il y a eu auſſi-tôt des fourbes. Il y a
des Médailles où ſe voient d'un côté
la tête d'un vieillard avec celle d'une
vieille femme , qui repréſentent Abraham & Sara , & d'une autre côté un
jeune homme , & une jeune femme re-
préſentant Iſaac & Rebecca ; ces Médailles ſont fauſſes. Je mets dans le même rang celles où ſont les têtes de Moïſe ,
de David , d'Abſalon , d'Eſther ; ces Médailles portent avec elles des marques
viſibles de fauſſeté. M. le Baron de Sphaein,
dans ſon incomparable Ouvrage de l'utilité , & de l'excellence des Médailles, a
cru & peut-être prouvé , que nous
n'avons aujourd'hui aucune Médaille ,
qui ait été frappée avant la deſtruction
du ſecond Temple ; tout cela eſt bien
éloigné de ceux qui veulent que nous
aions des Médailles du Siécle des Pa-

triarches. M. le Baron de Sphaein croit, que la plus ancienne Médaille est celle d'Amyntas, premier Roi de Macédoine, laquelle se trouve dans le cabinet du Roi de Prusse, il la croit antérieure à celle d'un autre Amyntas, ayeul d'Alexandre le Grand, qui est dans les trésors du Roi de France, & à laquelle le Pere Hardouin avoit donné le prix de l'Antiquité.

Il y eut en Italie deux faussaires célébres, connus sous le nom de Padouan & de Parmesan.

En Hollande un nommé Carteron, & quelques autres répandirent chez les Curieux, un nombre infini de Médailles fausses, la plûpart à la vérité d'un travail exquis.

Les douze premiers Empereurs ont été contrefaits une infinité de fois, en grand bronze. On s'est principalement attaché à contrefaire les têtes les plus rares, tels que le Tibere & l'Othon, qu'on ne trouve Antique Latin, que de la Colonnie d'Antioche, ou de fabrique Egyptienne : dans les trois grandeurs de bronze, le Vitellius, le *Pertinax* & les deux Gordiens d'Afrique, l'Agripine de

Claude , la Domitia , qui ne se trouve presque point , les trois femmes de la famille de Trajan.

Dès qu'Emile aura vû quelques cabinets , il ne sera pas facilement trompé.

Les Médailles Impériales d'argent ou d'or ; si leurs bords en imposent , les lettres décelent aisément la Médaille , & la premiere connoissance qu'Emile doit acquérir , est celle du caractere.

La plûpart des Médailles rares antiques sont usées , excepté celles d'or , qui sont presque toujours à fleurs de coin ; au lieu que les Médailles de Padouan sont encore dans toute leur beauté , ces Médailles sont plus légeres.

Il faut , mon cher Emile , quand vous verrez une Médaille , l'examiner par les rebords ; il y en a qui ont été limés & arrondis du tems des Romains , pour être enchassés à l'entour de certains vases ; il faut s'en méfier , quoiqu'elles soient nécessairement antiques , mais on couvre les rebords d'une Médaille fausse avec de la cire qu'on pique ensuite à plusieurs endroits ; on en remplit les trous avec de l'eau-forte, qui mange & mine les bords de la Médaille.

Les Médailles moulées sur les antiques , sont difficiles à reconnoître ,
les fauffaires choisissent pour l'empreinte du moule une Médaille antique la
mieux confervée qu'on peut trouver , on
les répare enfuite avec le burin. Comme
on ne contrefait que des têtes & des revers rares , un Ouvrier veut contrefaire
l'Arc de Triomphe de Septime Severe ,
qui eft un revers fort rare en argent , il
fait fondre une Médaille d'argent commun, du même Empereur , & il la rend
par l'égalité du titre de l'argent , plus mé-
connoiffable. De toutes les grandes têtes
en argent , le *Pertinax* , le *Didius Julia-
nus* , le *Pefcenius niger* , les deux Gordiens d'Afrique , la *Cornelia fupera* ont
été imitées mille & mille fois.

Dans les Médailles antiques , on fubf-
titue de nouvelles légendes , on falfifie les
têtes & les revers avec un art étonnant;
on fait d'une Médaille commune , antique , un Claude de bronze de la Colonie
d'Antioche , un Othon , une Fauftine la
mere. On retouche les têtes avec le burin d'une façon à les rendre vraifemblan-
tes , ce qui eft fort capable de féduire un
Curieux.

Monseigneur l'Evêque de Die, avoit un Claude, déguisé en Othon; ces sortes de Médailles se reconnoissent par les lettres.

On trouve des Médailles belles du côté de la tête & frustes de l'autre; on creuse le revers qu'on remplit d'un mastic, on grave sur ce revers les lettres ou les autres ornements qu'on veut y laisser. Il faut un grand usage & s'être formé un goût sur la fabrique des Romains; il faut se défier d'une Médaille couverte d'un faux vernis.

Les Médailles martelées sont des Médailles antiques, communes, on en lime totalement le revers. On ne touche point à la tête, & on y fait prendre l'empreinte à coups de marteau; il y a une différence sensible de la tête au revers.

On appelle Médailles encastées, deux moitiés de Médailles communes qu'on joint ensemble, & qui en font une rare. C'est ordinairement sur les Médailles de bronze & d'argent qu'on exerce cette nouvelle fraude.

Les faussaires ont imité ces Médailles qui ont des fentes & des contremarques. Les faux Monnoyeurs, chez les Romains, étoient d'habiles fourbes & d'excellens Graveurs.

Les Médailles incufes, qui ont de deux côtés la même tête en relief d'une part, en creux de l'autre, n'ont jamais été contrefaites.

Les Médailles moulées de Pofthume, pere & fils , font d'un goût & d'une délicateffe dignes des plus beaux régnes de l'Empire.

Quoiqu'on trouve des Médailles fauffes , il y a d'habiles connoiffeurs qui ont fait des cabinets fur lefquels on peut travailler. Tel eft le cabinet du Roi, de Mr. l'Abbé de Rothelin ; c'eft-là où l'on trouve un des plus beaux fanctuaire de Médailles.

Ne négligez pas , Emile , l'étude des Médailles modernes : elles nous repréfentent des fiéges , des combats fur mer & fur terre , des entrées , des cérémonies , & tout ce que la paix & la guerre , la vie & la mort , la naiffance , les mariages , les funerailles , la politique & la religion peuvent produire de célébre. Elles n'y louent que le mérite : quelques Antiques donnent des louanges à des perfonnes qui en font indignes. Antoine y

traite l'impudique Cléopatre de Déeſſe ;
l'infame Heliogabale y prend le titre de
Saint , & il ſemble que les Anciens aient
voulu éternifer les crimes & les débau-
ches des Caligulas & des Nerons , auſſi
bien que les vertus des Auguſtes & des
Trajans.

Le Pere Menetrier , a ramaſſé les Médailles de Louis le Grand , & en a com-
poſé une Hiſtoire complette ; ce qui a été
perfectionné par la nouvelle Académie
des Inſcriptions , érigée par Louis XIV. ,
& par les ſoins de Mr. Louis Bignon.

DE L'ART HERALDIQUE.

C'eſt la Science du *Blaſon* & des *Armoiries* : elle dépend uniquement des
yeux & de la mémoire. Le P. Menetrier
ne lui donne ſon origine que depuis le
Tournois ; quoique long-temps auparavant , chaque Nation eût fait mettre ſur
ſes Enſeignes & ſur ſes Boucliers , des
figures qui ſervoient à diſtinguer ceux
qui faiſoient quelque action d'éclat. *Blaſon* vient de *Blaſen* , qui ſignifie donner
du Cor , ce qui ſe pratiquoit dans le
Tournois, lorſqu'il arrivoit quelque Che-

valier, afin qu'on examinât fes Armes & fes Titres.

Les Armoiries font compofées d'un Ecuffon, dont la figure, dans chaque Nation, eft différente; en France, il eft quarré, arrondi & pointu par le bas; en Allemagne, il eft échancré & de différentes figures; en Italie, il eft ovale, particuliérement celui des Eccléfiafti-ques; quoiqu'aujourd'hui l'ovale foit plus en ufage par-tout; les femmes le portent accotté & parti; & les filles portent une lozange. On appelle le fond de l'Ecu, le Champ, fur lequel font pofés les différentes Piéces ou Armoiries.

Il y a fept Emaux; l'or, l'argent, l'azur, le gueule, le finople, le pourpre, le fable.

Les Emaux font les couleurs dont les Chevaliers s'habilloient aux Tournois, où l'Hermine & le Vair fervoient auffi.

On diftingue les Emaux par des Couleurs & par des Hâchures.

En couleur; l'or, eft jaune; l'argent, blanc; l'azur, bleu; le gueule, rouge; le finople, verd; le pourpre, violet & le fable, noir.

En Hâchures, l'or eft pointillé; l'argent eſt blanc ; l'azur eſt repréſenté par des lignes de droit à gauche ; le gueules, par des lignes de haut en bas ; le ſinople, par des lignes tirées diagonalement, de la pointe droite à la gauche ; le pourpre, par des lignes diagonales, de la gauche à la droite ; & le ſable, par des lignes croiſées, de droite à gauche, & de haut en bas.

On répréſente l'Hermine par un fond blanc, ſur lequel il y a de petites mouchetures noires ; la contre-Hermine, par un fond noir, & des mouchetures blanches.

Le Vair & le contre-Vair ſont des pots ou cloches de verre, dont ſe ſervent les Jardiniers, rangés en droite ligne ; leur Email naturel, eſt d'argent ou d'azur : le contre-Vair, eſt lorſque les cloches du même métal ou couleur, ſont miſes l'une contre l'autre.

Lorſque le Vair eſt d'autre émail ou métal que d'argent ou d'azur, on dit, Vairé de tel métal ou couleur.

Les principales Armoiries ſont, de Domaine, de Dignité, de Conceſſion, de Patronage, de Communauté & de Familles.

Celles de *Domaines*, font celles que portent les Souverains, qui font attachées aux Royaumes ou aux Terres qu'ils poffédent : ainfi nos Rois portent de France & de Navarre.

De *Communautés* : font celles de Province, des Villes, des Eglifes, des Académies, des Chapitres.

De *Dignités* : elles font connoître l'Emploi ou l'Etat des Perfonnes ; elles font, pour l'ordinaire, des ornements extérieurs, qu'on ajoute aux Armes de la Maifon. Le Roi de Boheme, Electeur, de gueules, au Lion d'argent, la queuë fourchée, paffée en fautoir ; couronné, lampaffé & armé d'or.

Le Duc de Baviere, Electeur, de gueules, au globe Impérial d'or.

L'Archevêque de Mayence, Electeur, de gueules, à la rouë à fix rais d'argent.

Le Duc de Saxe, Electeur, coupé de fable & d'argent, à deux épées de gueules paffées en fautoir.

L'Archevêque de Treves, Electeur, d'argent à la croix de gueules.

Le Marquis de Brandebourg, Electeur, d'azur au fceptre d'or, pofé en pal.

L'Archevêque de Cologne, Electeur,

d'argent à la croix de sable.

Le Comte Palatin du Rhin, Electeur, de gueules, à la couronne du Roi d'Allemagne, d'or.

De *Conceſſion* : ſont celles que les Souverains accordent à des particuliers, ainſi Saint Louis donna à la maiſon de Château-Briant en Bretagne, des fleurs de lys, au lieu des pommes de Pin qu'elle avoit auparavant.

De *Patronage* : ſont celles que les Villes ajoutent comme une marque de ſubjection & de dépendance : les Cardinaux par reconnoiſſance écartelent celles du Pape qui les a honorés du chapeau, & les Evêques celles de leur Evêché ; quelques-uns les écartelent avec les leurs, d'autres les portent en chef, d'autres ſur le tout.

De *Familles* : ſont celles qui diſtinguent une maiſon d'une autre ; il y en a de huit ſortes.

Parlantes : parce qu'elles ont du rapport avec le nom de la perſonne qui les porte. La Maiſon de Chabot a trois Chabots, Crequi porte un Crequier, Mailli trois Maillets.

Arbitraires : qui ſont produites par le

caprice de certaines gens qui ont fait fortune ; elles ne font ni marques d'honneur ni de vertu.

Brifées : qui fervent à diftinguer les aînés des cadets , auxquelles on a ajouté quelque brifure ; comme celles de Mr. le Duc d'Orleans , qui porte les Armes de France , brifées d'un lambel d'argent.

Chargées : font celles où on ajoute quelques piéces par diftinction , à caufe de quelque belle action.

Diffamées ou *déchargées* : ce font celles dont on a retranché quelque piéce ou partie pour punition de celui qui les porte. Sous le regne de Saint Louis , Jean d'Avenes , pour avoir injurié fa mere Marguerite , Comteffe de Flandres , en préfence du Roi , fut condamné à porter le Lion de fes Armes , morné , c'eft-à-dire , fans ongles & fans langue.

Celles d'Allliance , de *Succeffion* , de *Prétention* : ce font celles que les héritiers ou légataires prennent pour marquer les Familles où l'on s'eft allié , celles auxquelles on a fuccédé , & les prétentions que l'on a fur des Royaumes , Provinces ou Terres.

Enquerantes ou à enquerir : ce font cel-

les qui font contre les régles de l'Art , &
qui donnent occafion de s'enquerir
pourquoi elles font ainfi. Elles ne font
donc pas fauffes , quoiqu'elles aient couleur fur couleur , ou métal fur métal.
Telles font les Armes qu'on donna à Go-
defroi de Bouillon, à caufe de la conquête de la Ville & du Royaume de Jérufalem . *elles font d'argent , à la croix po-
tencée d'or , cantonée de quatre croifettes
de même.*

Pures & pleines : qui n'ont aucunes
piéces de blazon , que celles qu'elles doivent avoir , les armes de France font pures & pleines ; d'azur à trois fleurs de
Lys d'Or.

Les aînés des plus confidérables No-
bleffes de France portent les armes pures
& pleines ; les cadets les brifent de quelque piéce de blafon.

Les Armoiries ont commencé à fe perfectionner , & à faire partie des fuccef-
fions depuis les expéditions de la Terre
Sainte , fous le régne de Louis le Jeune ;
où les Nations & les Gentilshommes ,
pour fe faire remarquer dans les actions
d'éclat, prirent des Croix , des Lions &
d'autres

d'autres figures d'animaux de différentes figures & couleurs.

Les piéces honorables du blazon font le chef, la face, la bande, le pal, le chevron, la croix, le fautoire & l'orle ; chaque piéce doit occuper le tiers, comme ces diverfes formes font le principal de l'art du Blazon, on ne fçauroit trop en acquerir la connoiffance. Le Blazon eft devenu aujourd'hui un jardin public ou chacun s'accommode à fa fantaifie.

On ne met jamais métail fur métail, ou couleur fur couleur, autrement les Armoiries feroient fauffes. Cette célébre regle, dit le P. Menetrier, vient des anciens habits qui étoient bifarres; on mettoit fur les étoffes de foie de couleur, des piéces d'étoffes d'or ou d'argent dans la penfée qu'ils avoient que les couleurs ne s'uniffoient pas bien les unes avec les autres ; c'étoit le gout du tems. Il y a des cas privilégiés , comme font les Armes de Bouillon.

Les Ecuffons ne devroient être permis qu'à ceux qui ont droit d'en avoir. C'eft vanité dans les Ecuffons : les uns font des fignes des chofes réelles , comme les Tours , les Châteaux , les Couronnes , les autres font des Hyerogliphes , qui fervent à exprimer les qualités de ceux qui les portoient. Il faut avoir une grande habitude du Blazon ; parce qu'il y a plufieurs Ecuffons qui font femblables pour le champ , l'émail & les piéces dans ceux des perfonnes mêmes de diftinction.

Les Croix qui fe voient dans tant d'Armoiries , marquent que l'on s'eft croifé contre les Infidéles , ou contre les Hérétiques.

Les Merletes fignifient les voyages d'outre Mer dont elles font les fimboles , parce que ce font des Oifeaux qui paffent la Mer tous les ans ; on les repréfente fans bec & fans pieds , pour marquer les bleffures reçues dans ces voyages.

Les Lions fignifient les voyages faits en Afrique.

Les Paux marquent qu'on a droit de Juftice , parce que les Paux & les Poteaux font des marques de Jurifdiction.

Les fers de Moulin fignifient qu'on a droit de Moulin banal.

Les bois de Cherfs marquent la charge de grand Veneur.

On ne peut point apprendre le Blazon fans avoir une méthode qui repréfente

des exemples de toutes les différentes Armoiries qui sont en usage : parce que
cette Science dépend de la mémoire par
les termes, & de l'imagination par les
figures. On peut se servir d'un Livre in-
titulé, le Blazon de France, des principes
du Blazon par l'Abbé d'Angeau : on trouve cet Ouvrage à Paris chez Jombert,
Quai des Augustins. De Plaigne a donné les principes de l'Art Heraldique *in-12*
à Paris 1717. c'est la meilleure édition :
le P. Menetrier, la pratique des Armoiries.

Fin du Tome premier.